괜찮아,
다시
일어나면 돼!

괜찮아, 다시 일어나면 돼!

저자 김원태

초판 1쇄 발행 2020. 1. 3.

발행처 도서출판 브니엘
발행인 권혁선

등록번호 서울 제2006-50호
등록일자 2006. 9. 11.

서울특별시 송파구 백제고분로28길 25 B101호 (05590)
마케팅부 02)421-3436
편집부 02)421-3487
팩시밀리 02)421-3438

ISBN 979-11-90308-08-3 03230

독자의견 02)421-3487
이메일 editorkhs@empal.com

북카페 주소 cafe.naver.com/penielpub.cafe
인스타그램 @peniel_books

도서출판 브니엘은 독자들의 책에 관한 아이디어나 원고를 설레는 마음으로 기다리고 있습니다. 책으로 엮기를 원하는 아이디어가 있으신 분은 위의 이메일로 간단한 개요와 취지, 연락처 등을 보내주십시오. 머뭇거리지 말고 문을 두드리세요. 길이 열립니다.

도서출판 브니엘은 갓구운 빵처럼 항상 신선한 책만을 고집합니다.

「가치 혁명」의 저자 김원태 목사의 회복의 기쁨

괜찮아,
다시
일어나면 돼!

브니엘

어린아이가 엄마 배에서 태어나 돌이 되면 걷기 시작한다. 금방 걷는 아이는 없다. 수없이 넘어지고 일어난다. 유아교육학자에 의하면 평균 2천 번은 넘어지고 일어서기를 반복한다고 한다. 어린 시절엔 넘어지는 것을 큰 문제로 생각하지 않는다. 넘어진 아이는 곧바로 다시 일어난다. 그러나 나이가 들어 성인이 되면 넘어지는 일을 심각하게 받아들인다. 한 번 넘어진 후 다시 일어나지 않고 세상과 단절한 채 동굴에 들어가 숨어 사는 이도 있다.

의인의 특징은 넘어져도 다시 일어난다는 점이다. "대저 의인은 일곱 번 넘어질지라도 다시 일어나려니와 악인은 재앙으로 말미암아 엎드러지느니라"(잠 24:16). 성경에서 의인은 행위가 선하다기보다 믿음으로 사는 자를 말한다. 우리는 모두 죄인이다. 우리 힘으로는 선하게 살 수 없다. 우리 안에는 선한 것이 하나도 없기 때문이다. 그래서 우리는 예수님을 믿는 믿음으로 산다. 내 속에 예수님이 계시면 믿음으로 이기는 인생이 된다. 믿음의 사람은 일곱 번 넘어진다 해도 다시 일어난다. 여기의 일곱은 완전수이다. 그래서 일곱 번 넘어져도 일어난다는 말은 꼭 일곱 번만 일어나는 것이 아니라 아무리 넘어진다 해도 계속해서 다시 일어서는 것을 말한다.

당신에게 믿음이 있는가? 그렇다면 당신은 의인이다. 당신이 의인이라면 넘어졌다 해도 다시 일어날 힘이 있다. 아무리 넘어져도 의인에게는 별문제가 되지 않는다. 하나님을 믿는 믿음으로 다시 일어나면 된다. 넘어짐은 자신의 교만과 연약함을 발견할 수 있는 좋은 시간이자 하나님을 만날 최고의 기회이다. 넘어진 자는 더 놀라운 미래를 열 수 있는 힘을 가진다. 넘어져서 실패하는 사람은 아무도 없다. 단지 넘어져서 일어나지 않기 때문에 실패할 뿐이다.

나는 어린 시절 시골에서 자랐다. 학교 수업을 마치면 가방을 집 마루에 던져두고 친구 5총사와 함께 이리저리 뛰어다녔다. 초등학교 시절엔 그게 낙이었다. 하지만 중학생이 되면서 로버트 슐러 목사가 쓴 「불가능은 없다」라는 책을 읽고 큰 도전을 받아 그 책을 연거푸 다섯 번이나 읽었다. 그 책은 나에게 "하나님을 믿는 자에겐 불가능이 없다"라는 큰 믿음을 심어주었다. 그 후 공부에 열정을 갖게 되었다. 그때의 믿음 때문일까? 나는 지금도 새로운 도전을 겁내지 않는다.

나에게 무슨 능력이 있어서가 아니다. 내 안에 모든 것을 가능하게 하시는 하나님이 계심을 믿기 때문이다.

나는 신학대학원을 졸업하고 대형 교회의 부목사로 안정된 사역을 하다가 미국 유학을 결정했다. 주변 사람들은 모두 만류했다. 내가 섬기던 부서가 폭발적으로 성장하고 있었고, 모든 환경이 너무나 유익했기 때문이었다. 그러나 나는 젊은 날에 더 넓은 세계를 보고 싶었다. 그냥 한 번 관광하고 오는 것이 아니라 그곳에서 살아보고 싶었다. 왜 미국이 세계를 리드하는지, 그들을 움직이는 힘이 무엇인지 알고 싶었다.

미국 유학을 마친 후 한국으로 돌아와 교회를 개척하였고, 수많은 시행착오를 겪으면서 20년째 목회를 하고 있다. 이제는 어떻게 목회해야 할지 조금은 알 것 같다. 하지만 아직도 갈 길이 멀다. 그래도 기쁘게 이 길을 갈 것이다. 왜냐하면 나는 넘어져도 일어설 것이며, 그 넘어짐으로 한층 더 성장할 것을 알기 때문이다.

당신은 지금 넘어진 상태에 있는가? 낙심하거나 절망하지 말라. 당신의 넘어짐을 다 아는 분이 계신다. 당신의 넘어짐 또한 그분의 섭리 안에 있다. 내 인생은 내 것이 아니다. 하나님의 것이다. 하나님이 허락하신 넘어짐은 나로 하여금 승리의 길을 가게 할 것이다. 나는 나의 길을 몰라도 하나님은 나의 길을 다 아신다. 하나님을 신뢰하고 넘어진 자리에서 툭툭 털고 일어나 찬란한 미래를 바라보고 나아가라. 곧 좋은 길을 만날 것이다.

이란 테헤란에 있는 왕궁에는 세계에서 가장 아름다운 모자이크 작품이 하나 있다. 천장과 벽에서 여러 각도로 굴절되는 다이아몬드처럼 영롱한 빛을 내는 이 놀라운 작품에는 숨겨진 이야기가 있다. 원래 이 궁을 디자인했을 때 건축가는 벽면에 거대한 유리거울을 붙일 계획이었다. 그러나 프랑스 파리에서 주문한 유리거울이 도착했을 때 자제조달 담당자는 충격에 빠졌다. 거울이 운반 도중에 산산조각 나고만 것이다. 그는 깨진 조각을 모두 쓰레기통에 던져버리고 건축가에게 그 슬픈 소식을 전할 수밖에 없었다. 그러나 뜻밖에도 건축가는 깨진 거울 조각을 모두 수거해서 벽에 붙이도록 했다. 그렇게 해서 은은하게 반짝거리는 유리 조각으로 이루어진 은빛의 작품이 탄생하게 된 것이다.

내 인생이 깨졌다고 낙심할 이유가 없다. 나의 모든 것을 아시는 하나님께 내 인생을 맡기면 그분은 깨진 나의 인생을 오히려 은빛 찬란한 미래로 만들어주실 것이다. 우리는 믿음으로 하나님을 신뢰하고, 하나님만 바라보며, 다시 일어나면 된다. 인생은 패배했을 때 끝이 나는 것이 아니라 포기했을 때 끝이 난다.

글쓴이 김원태

회·복·축·제 01

회복은
하나님의
뜻이다

회복은 하나님의 뜻이다

경영학 교수인 게리 해멀과 프라할라드 박사는 원숭이를 대상으로 한 실험에 대해 글을 썼다. 이것은 실패에 관한 생생한 이야기이다. 중앙에 긴 막대기가 세워져 있는 방에 원숭이 네 마리를 넣어두었다. 그 막대 꼭대기에는 바나나가 매달려 있었다. 배고픈 원숭이 하나가 먹이를 얻기 위해 막대기를 타고 올라가기 시작했다. 그러나 바나나를 잡아채려는 순간 억수같이 퍼붓는 찬물을 뒤집어쓰고 말았다. 그 원숭이는 기겁하여 비명을 지르며 재빨리 막대기에서 내려왔고 먹이를 포기했다. 모든 원숭이가 비슷한 시도를 했으나 모두 다 찬물을 뒤집어쓰고 말았고, 몇 번의 시도 끝에 그들은 결국 포기하고 말았다.

그 후, 연구원들이 그 원숭이 중 한 마리를 방에서 꺼내고 새로운 원숭이를 집어넣었다. 새로 들어온 원숭이가 막대기를 타고 올라가기 시작하자 다른 세 원숭이가 그 녀석을 잡고 바닥으로 끌어내렸다. 막대기를 오르려할 때마다 번번이 다른 원숭이들에게 끌려내려오던 그 원숭이는 마침내 포기하고는 다시 오르려 하지 않았다. 연구원들은 원래 있었던 원숭이를 한 마리씩 빼낼 때마다 매번 새로운 원숭이를 들여보냈고, 새로 들어간 원숭이는 바나나를 잡기도 전에 다른 원숭이들에 의해 막대기에서 끌려내려왔다. 얼마 지나지 않아서 그 방은 한 번도 찬물 세례를 받은 경험이 없는 원숭이로 채워졌다. 그러나 어떤 원숭이도 막대기를 타고 올라가려 하지 않았고, 왜 그런지 이유조차 몰랐다(존 맥스웰, 「실패를 딛고 전진하라」(두란노), 81-82쪽).

참 불행한 일이다. 실패에 익숙해 있는 사람들은 이 원숭이들과 많은 유사점이 있다. 한두 번 실패하면 아예 새로운 시도를 하려고 하지 않는다. 우리는 실패하기 위해 태어난 자가 아니다. 우리는 넘어지고, 넘어지고, 또 넘어져도 일어나야 한다. 왜냐하면 우리에게는 회복 인자를 깔아 놓으신 하나님이 계시기 때문이다. 우리는 가끔 산불이 나서 웅장한 나무들이 다 불탔다는 안타까운 소식을 접한다. 이때 불타버린 산은 세월이 흐르면 서서히 회복된다. 자연이 가진 회복력은 놀랍고 대단하다. 참 신기하다.

어떻게 인간이 망쳐 놓은 것을 자연은 스스로 치유하고 회복하는 힘을 가진 것일까? 바로 회복이 하나님의 뜻이기에 그렇다. 사람의 몸도 회복하는 힘이 있다. 칼에 손이 베이면 피부가 스스로 피를 내어 응고되고 새살이 돋는다. 뼈가 부러지면 뼈에서 붙는 액체가 나와 뼈를 붙게 만든다. 이것 또한 하나님께서 우리 인체에 회복 프로그램을 깔아 놓으셨기 때문이다.

죄인을 찾아오시는 하나님

회복은 하나님의 뜻이다. 우리 하나님은 어떤 분이신가? 하나님은 죄로 인해 하나님을 떠난 자를 내버려두지 않고 찾아오신다. 아담은 선악과를 먹고 하나님을 떠났다. 그는 하나님의 말씀에 순종하기보다 먹음직스럽고 보암직하고 탐스러운 것을 선택하였다. 그 결과 하나님과의 관계가 단절되었다. 이것은 전 인류에게 재앙이 되었다.

아담이 하나님으로부터 독립을 선언하고 하나님과 분리되는 순간, 창조주 하나님과의 관계가 끊어져 영원한 외로움, 영원한 열등감, 영원한 자원고갈, 영원한 애정 결핍, 영원한 질병이 왔다(창 3:5-18 참조). 그 후 사람은 무엇을 가져도 공허하게 되었다. 아무리 좋은 음식을 많이 먹고 온갖 좋은 약을 다 먹어도 결국 질병에 걸려 죽게 되었다. 사람은 하나님을 떠나 자신만을 위해 사는 이기심으로 똘똘 뭉친 본질상 진노의 자녀가 되고 말았다.

"전에는 우리도 다 그 가운데서 우리 육체의 욕심을 따라 지내
며 육체와 마음의 원하는 것을 하여 다른 이들과 같이 본질상
진노의 자녀이었더니"(엡 2:3).

이제 아담은 하나님과의 관계를 끊고 자기 소견에 옳은 대로만 행
하는 자가 되었다. 아담은 하나님으로부터 독립하고 하나님을 떠난
이후 하나님을 피해 숨어 살았다. "그들이 그날 바람이 불 때 동산에
거니시는 여호와 하나님의 소리를 듣고 아담과 그의 아내가 여호와
하나님의 낯을 피하여 동산 나무 사이에 숨은지라"(창 3:8). 아담은
하나님의 말씀을 거역하고 선악과를 먹은 이후 하나님을 찾아가 죄를
고백하고 회개하지 않았다. 그는 하나님을 두려워하여 하나님을 피하
였다. 그때 하나님은 아담을 버리거나 외면하지 않고 친히 찾아오셨
다. "여호와 하나님이 아담을 부르시며 그에게 이르시되 네가 어디
있느냐"(창 3:9).

하나님은 실패한 자를 찾아가 관계를 회복하길 원하신다. 아담을
찾으셨던 하나님은 지금 우리를 찾아오신다. 아담을 회복시키길 원하
셨던 하나님은 우리도 회복되길 원하신다. 하나님은 우리가 아무리
큰 죄를 짓고 회복 불가능한 자리에 있다 해도 우리를 버리거나 외면
하지 않으신다.

"여호와께서는 자기 백성을 버리지 아니하시며 자기의 소유를

외면하지 아니하시리로다"(시 94:14).

　　하나님이 우리를 버리시지 않는 이유는 우리가 하나님의 소유이기 때문이다. 하나님은 5일 동안 지구를 창조하시고, 마지막 6일째 하나님의 형상을 닮은 사람을 만드셨다. 하나님께는 사람이 가장 소중한 존재이다. 왜냐하면 오직 사람만 하나님의 형상을 닮은 존재로 창조하셨기 때문이다. 이 세상 그 무엇도 하나님의 형상을 닮은 존재가 없고, 하나님의 생령이 부어진 존재가 없다. 하나님은 사람을 쓰레기로 만들지 않으셨다. 하나님은 사람을 만들고 "보시기에 심히 좋았다"라고 하셨다. 우리는 모두 하나님이 보시기에 심히 좋은 존귀한 존재이다.

　　우리는 죄를 짓고 실수하고 넘어지면 '하나님께서 과연 나를 사랑하실까?' 하는 의심이 생긴다. 하나님을 피해 도망가려고 한다. 그때 사탄은 적극적으로 개입하여 하나님이 너를 버렸다고 속삭인다. 자녀를 키워본 부모는 자녀가 아무리 몹쓸 짓을 하고 도망가도 그 자녀가 있는 곳으로 찾아가 안아주고 또다시 기회를 주는 그 마음을 알 것이다. 세상의 부모도 자녀가 넘어지면 일으켜 세우려고 하는데, 하물며 육신의 부모보다 천배 만배 더 좋으신 하나님께서 우리를 다시 일으켜 세워주지 않으시겠는가?

　　하나님은 절대로 당신이 넘어져 있는 것을 보고 버리거나 포기하지 않으신다. 당신은 이 세상에 유일한 딱 한 사람이기 때문이다. 이 세상에 당신과 똑같이 생긴 사람이 없고, 당신과 똑같은 달란트를 가진 사람도 없다. 당신과 똑같은 소명을 감당하는 사람 또한 이 세상에 존재하지 않는다. 당신은 하나님이 특별하게 만든 사람이다. 하나님은 당신을 통해 할 일을 계획하시고 이 세상에 보내셨다. 당신은 이 세상에 하나밖에 없는 유일한 존재이다. 당신과 똑같은 사람은 이전에도 없었고 앞으로도 영원히 없을 것이다. 그래서 하나님은 당신이 아무리 죄를 짓고 실패하여 무너져 있다 해도 당신을 찾아오신다. 당신이 회복되는 것이 하나님의 뜻이다.

인생의 끝자락에 함께하시는 하나님

모세는 하나님의 특별한 은혜로 애굽 공주의 아들로 자랐다. 그는 왕궁에서 40년 동안 지내면서 뛰어난 리더십과 당대 최고의 학문과 무술을 익혔다. 그는 꿈이 있었고 열정이 넘쳤다. 그의 나이 40세에 자신이 그 당시 노예로 살아가던 히브리인인 것을 알았다. 그는 히브리인을 괴롭히는 애굽 사람을 죽이고 미디안 광야로 도망갔다. 하루아침에 모세는 자신이 가졌던 모든 꿈과 열정을 다 잃어버렸다. 그렇게 모세는 미디안 광야에서 양이나 치며 잊힌 존재로 살았다. 그를 애굽의 왕자로 보는 자는 아무도 없었다. 그는 장인의 양이나 치며 허송세월하였다.

어느덧 40년이란 세월이 훌쩍 지나 이제 그는 80세의 노인이 되어 인생 끝자락에 와 있었다. 과거에 그가 불렀던 유명의 노래는 모래 바람에 다 날아가고 지금은 양 틈에서 무명의 노래만 부르고 있었다. 그는 버려진 자였다. 그는 인생의 실패자였다. 그는 살인자였다. 그는 도망자였다. 하루도, 1년도, 10년도 아니라 광야에서 도망자로 무려 40년이나 살았다. 이제 그를 기다리는 것은 죽음뿐이었다. 모세가 회복되어 위대한 인생을 살 가능성은 1%도 없었다. 그런데 바로 그때, 하나님이 다가와 그를 부르셨다. 인생 끝자락에 와 있는 여든의 모세를 찾아오신 것이다.

> "여호와께서 그가 보려고 돌이켜 오는 것을 보신지라. 하나님
> 이 떨기나무 가운데서 그를 불러 이르시되 모세야 모세야 하시
> 매 그가 이르되 내가 여기 있나이다"(출 3:4).

하나님은 모세에게 나타나 그를 애굽으로 보내어 애굽 땅에 노예로 사는 이스라엘 백성들을 이끌어내게 하겠다고 말씀하셨다. "이제 내가 너를 바로에게 보내어 너에게 내 백성 이스라엘 자손을 애굽에서 인도하여 내게 하리라"(출 3:10).

모세는 하나님의 말씀에 귀를 의심했다. 자신은 살인자이며 도망자였고, 인생의 패배자였다. 그런데 하나님께서 쓰길 원한다고 하시니 선뜻 받아들일 수가 없었다. 모세는 자기가 무능한 자이고, 말을 잘하지도 못하며, 이스라엘 백성들을 인도하는 일을 할 수 없다고 거

듭 말했지만, 하나님은 모세를 하나님이 쓰는 사람으로 결정하셨고, 결국 그를 이스라엘 민족을 출애굽시키는 일에 적격자로 쓰셨다.

모세가 착각한 것이 있다면 자기 인생을 자신의 것으로 생각한 것이다. 모세의 인생은 모세의 것이 아니라 하나님의 것이었다. 모세가 인생을 포기하고 숨어 살다가 마친다면 모세를 만드신 하나님의 손해다. 하나님은 자신이 만든 자를 절대 포기하지 않으신다. 우리는 내 인생이 내 것이 아니라는 사실을 알아야 한다. 내 인생은 내 것이 아니라 나를 만드신 하나님의 것이다. 그러기에 우리는 망할 수도, 실패의 자리에 계속 머무를 수도 없다.

1927년, 29세의 빅민스터 풀러는 차가운 물에 몸을 던져 자살할 생각으로 미시간 호수 해변에 서 있었다. 그는 첫아들을 잃은 데다 파산상태의 신용불량자였고, 직업도 없었다. 아내와 새로 태어난 딸이 있었지만 살아갈 희망이 없었다. 그때 깨달음의 자각이 풀러의 머릿속을 스쳐 지나갔다. 자신의 삶이 자기 것이 아니라 다른 사람의 것이라는 생각이 들었다.

순간 풀러는 보잘것없고 돈도 없으며 이름도 알려지지 않은 한 개인이 인류를 위해 무엇을 할 수 있을지 '실험'을 시작하기로 했다. '내 삶이 내 것이 아니라 다른 사람의 것이라면 나는 다른 사람을 위해 무엇을 할 수 있을까?' '봉사하는 삶이란 어떤 것일까?' 이후 54년 동안 풀러는 많은 논쟁을 불러일으킬 아이디어를 내놓았고, 이것이 실행

가능하고 실용적임을 여러 차례 입증해보였다.

이 실험이 계속되는 동안 풀러는 미국 특허권 25개를 따냈고, 28권의 책을 썼으며, 예술·과학·공학·인문학 분야에서 47개의 명예박사 학위를 받았다. 아울러 미국 건축학회에서 주는 골드메달과 영국 왕립건축학회에서 주는 골드메달을 포함하여 건축디자인상을 수십 개나 받았다. 또한 전 세계 박물관에 영구소장품으로 보관된 작품을 만들기도 했다. 파산한 신용불량자로 자살을 생각하던 풀러는 성공한 강사로 지구를 57바퀴나 돌았으며, 강연, 인터뷰, 저서 등을 통해 수백만의 사람들을 만났다(앤디 앤드루스, 「폰드씨의 실천하는 하루」(세종서적), 95-96쪽).

내 삶을 내 것으로 생각하면 인생을 아무렇게나 살게 된다. 그러나 내 인생은 내 것이 아니다. "내가 너를 구속하였고 내가 너를 지명하여 불렀나니 너는 내 것이라"(사 43:1). 내 인생은 내 인생을 시작하게 하신 하나님의 것이다. 그러므로 하나님은 우리가 넘어진 채로 무가치한 인생으로 마치게 내버려두지 않으신다.

나보다 더 나를 사랑하시는 예수님

예수님이 유대 땅에서 사역하시다가 갈릴리로 가시게 되었다. 예루살렘에서 갈릴리로 가려면 사마리아 땅을 거쳐 가야

했다. 그러나 유대인들은 혼혈족인 사마리아인을 만나면 부정해진다고 생각하였기에 사마리아 땅을 피해 다녔다. 예루살렘에 머무는 유대인이 갈릴리로 갈 때는 예루살렘에서 여리고까지 가서, 요단강 오른쪽에 있는 베뢰아 지역을 따라 위로 죽 올라가, 다시 요단강 왼쪽에 있는 갈릴리로 들어갔다.

그러나 예수님은 유대인임에도 불구하고 유대사역을 마치고 갈릴리로 가시며, 유대인의 상식을 깨고 사마리아를 지나가기로 하셨다.

"유대를 떠나사 다시 갈릴리로 가실새 사마리아를 통과하여야 하겠는지라"(요 4:3-4).

"통과하여야 하겠는지라"는 말에는 꼭 사마리아 땅을 가야겠다는 강력한 의지가 담겨 있다. 예수님이 사마리아 땅을 통과하셔야 하는 이유는 딱 한 가지다. 그것은 사마리아 땅 수가성의 한 여자를 만나기 위함이다.

요한복음 4장에 나오는 사마리아 여자는 세상적으로 볼 때 실패한 자였다. 그녀는 유대인이 사람 취급도 하지 않는 혼혈족인 사마리아 사람이었고, 여자였으며, 결혼을 5번이나 한 지독한 실패자였다. 지금 함께 사는 남자도 남편이 아니라 사람들의 눈을 피해 동거하는 남자였다. 그녀가 5번이나 남편을 바꾸었다는 것은 많은 것을 암시한다. 그녀의 나이는 이제 중년을 넘은 50대로 여겨진다. 여자의 젊음과 미모와 기력은 사라지고 있었다. 그녀는 아마도 인생의 좋은 시절은 다 지나갔다고 여겼을 것이며, 지나간 날들을 후회하며 살고 있었을 것이다. 그녀가 '오늘'이라는 하루를 힘차게 살아가게 할 열정은 이미 다 사라졌다. 그녀에게 '오늘'이라는 날은 '어제'와 똑같은 삶을 살아야 하는 지루할 날일뿐이었다.

그녀는 동네 사람들 만나는 것을 피하며 숨어 살았다. 사실 그녀도 아름다운 가정을 이루고, 동네 사람들과 만나 수다도 떨고, 멋도 부리며 살고 싶었다. 그러나 현실은 너무나 냉혹했다. 누구 하나 반겨주는 사람 없었고 시원한 물 한 잔 떠주는 사람도 없었다. 무더운 날씨에 갈증을 해결하며 살아야 하기에 사람들의 시선을 피해 뙤약볕이 내리쬐는 낮 12시에 야곱의 우물가에 와서 50m나 되는 깊은 우물에 두레박을 내려 물을 퍼야 하는 외로운 여자였다.

그녀에겐 의지할 부모가 없었다. 사랑스러운 자녀도 없었다. 담소를 나눌 친구마저 없었다. 그녀는 육체적으로 목마름이라는 갈증이 있었고, 또 지나간 인생을 후회하는 한숨이 있었다. 누가 이 여자의 죽은 비전과 열정을 살려주겠는가? 누가 이 여자에게 따뜻한 관심을 두겠는가? 모든 사람이 비난하고 가족과 친구들이 다 버린 이 여자를 만나기 위해 사마리아 땅으로 찾아가신 분이 바로 예수님이시다.

"사마리아를 통과하여야 하겠는지라"(요 4:4).

지금도 예수님은 지독하게 실패한 자를 찾아가신다. 지금도 예수님은 모든 사람이 비난하는 자를 찾아가신다. 지금도 예수님은 도무지 회복 불가능한 자를 찾아가신다. 혹시 당신은 자신이 보기에 실패자이고 외로운 자이며 상처투성이인가? 스스로 바라보아도 도무지 회복 불가능한 패배자인가? 예수님은 당신의 집 번지를 부르시며, 내가 오늘 너희 집에 가야겠다고 찾아오신다.

세상 모든 사람이 다 당신을 버려도
당신을 포기하지 않고 찾아오시는 분이 계신다.
그분은 나보다 더 나를 사랑하시는 예수님이다.

예수님은 어떤 분이신가? 나의 실패를 아신다. 나의 절망을 아신다. 나의 후회를 아신다. 나의 외로움을 아신다. 나의 공허함을 아신다. 나의 목마름을 아신다. 나의 억울함을 아신다. 예수님은 나를 회복시킬 수 있는 유일한 분이시다.

실패는 하나님을 만날 기회를 준다

요한복음 13장에 예수님과 제자들이 마가의 다락방에 모여 최후의 만찬을 하는 장면이 나온다. 예수님은 제자들의 발을 씻어주시고, 제자 중 하나가 예수님을 팔 것이라는 충격적인 말씀을 하셨다. 제자들은 흥분하여 "주여 누구니이까?" 하며 서로를 바라보았다. 예수님은 내가 떡을 주는 자라고 하시며 가룟 유다에게 떡을 주셨고, 가룟 유다는 떡 한 조각을 받고 밖으로 나갔다.

예수님은 예수님이 가는 곳에 아무도 따라올 수가 없다고 말씀하셨다. 베드로는 다른 모든 사람이 주를 버려도 자신은 끝까지 주를 따르겠다고 큰소리쳤다. 그때 예수님은 베드로가 예수님을 부인할 것을 미리 알고 경고하신다.

"예수께서 대답하시되 네가 나를 위하여 네 목숨을 버리겠느냐. 내가 진실로 진실로 네게 이르노니 닭 울기 전에 네가 세 번 나를 부인하리라"(요 13:38).

예수님은 베드로의 실패를 미리 아셨다. 그렇다고 베드로를 버리신 것은 아니다. 예수님은 베드로를 실패자로 보지 않으셨다. 실패 이후에 초대교회를 이끌어갈 바위 같은 지도자가 될 것을 기대하셨다.

베드로는 정말 예수님의 말씀대로 여종 앞에서 예수님을 3번이나 부인하고 말았다. 그가 예수님을 부인하자마자 닭이 울었다. 예수님의 말씀과 정확하게 일치했다. 베드로는 밖으로 나가 대성통곡했다. 그는 배신자이자 실패자였다. 그는 겁쟁이에 배교자였다. 이제 스스로 보기에도 너무나 초라하여 예수님을 볼 수가 없었다.

그는 예수님이 부활하셨다는 소문을 들었고, 또 부활하신 예수님을 직접 만났지만 예수님을 피해 갈릴리 호수로 가서 다시 그물을 잡았다. 그가 배를 버리고 떠날 때 다시는 그물을 잡지 않으리라 하였지만, 지금은 실패자가 되어 다시 물고기를 잡고 있었다. 그러나 물고기는 한 마리도 잡히지 않았다. 그런데 부활하신 예수님이 베드로에게 다가와 배 오른편에 그물을 던지라고 하신 말씀에 순종하였더니 물고기가 많아 그물을 들 수 없을 정도가 되었다. 예수님은 실패한 베드로를 아침식사에 초대하고, "어린양을 먹이라"는 사명을 주셨다.

베드로의 인생은 실패로 끝나지 않았다. 그는 다시 사명을 가지고 하루에 3천 명을 주께로 돌아오게 한 기독교 역사상 가장 위대한 전도자가 되었다. 예수님은 실패자 베드로를 선택하셨고 실패한 베드로를 찾아가셨다. 우리의 실패는 실패로 끝나지 않는다. 예수님을 믿는 우리에게 실패란 삶의 한 가지 방식일 뿐이다. 문제는 실패의 자리에서 일어서는가 하는 것이다. 하나님은 우리를 실패의 자리에서 회복시키길 원하신다.

실패는 나의 연약함을 깨닫게 해준다. 실패는 내 힘으로 안 되는 것을 알게 해준다. 실패는 주님을 더욱 의지하게 해준다. 하나님은 넘어진 우리를 일으켜 세워주길 원하신다. 하나님은 우리의 실패를 보고 구경만 하시는 분이 아니다. 하나님은 우리가 넘어질 때 우리보다 더 아파하신다. 혹시 당신이 넘어진 자리에 있다면 당신을 회복시키길 원하시는 하나님을 바라보고 일어나라.

예수님이 말씀하신 탕자의 비유에는 집 나간 아들을 기다리는 아버지가 나온다. 아버지는 탕자가 집을 나간 뒤 하루도 편안하게 잠든 적이 없다. 아무리 융숭한 진수성찬을 차려도 밥상이 그대로 나온다. 밥이 목에 넘어갈 리가 없다. 매일 아침 일어나자마자 대문 앞에 나가 서성거리고, 집 나간 탕자가 돌아오길 바라며 목을 길게 빼고 먼 거리를 바라본다.

저 멀리에 아들처럼 보이는 청년이 다가오자 있는 힘을 다하여 뛰어갔다. 유대인 사회에서 나이 든 어른이 뛰어다니는 법은 없다. 그러나 탕자의 아버지는 주변 사람들의 눈길은 아랑곳하지 않고 체면도 의식하지 않은 채 맨발로 뛰어갔다. 탕자의 몸에서는 지독한 돼지 냄새가 났다. 목욕도 하지 않았고 더러운 누더기 옷을 입고 왔다. 아버지는 탕자의 몸을 와락 껴안았다. 매일 돼지죽을 먹은 더러운 아들에게 입을 맞추었다. 아버지의 눈에는 눈물이 가득 고였다. 아들도 울고, 아버지도 울었다.

이 이야기에서 아버지는 하나님이시고 탕자는 바로 실패한 나이다. 하나님은 지금도 지독히 실패한 자에게 달려가신다. 더러운 냄새가 나는 아들에게로 달려가신다. 내가 봐도 가치가 없는 나를 향해 달려오시는 분이 하나님이시다. 내가 봐도 소망 없는 나를 귀히 여기고 와락 안아주시는 분이 하나님이시다. 넘어진 내가 아버지 품에 안기는 것은 하나님의 뜻이다. 회복은 하나님의 뜻이다. 하나님은 아버지 품으로 돌아온 탕자에게 잔치를 베풀어주신다. 하나님은 아무리 큰 죄를 지은 죄인이라도 하나님 품 안에 돌아오면 잔치를 베풀어주시는 분이다.

한 소년이 기대를 가득 품고 자신이 만든 배를 맑고 푸른 호수 위에 띄웠다. 부드러운 순풍에 따라 그 작은 배는 잔물결이 이는 물 위를 떠다니고 있었다. 그런데 갑자기 돌풍이 그 작은 배와 소년이 잡고 있던 줄을 낚아채어 가버렸다. 점점 더 멀리 마침내 시야에서 사라질 때까지 그 배는 떠내려갔다. 소년은 슬퍼하며 집으로 돌아왔다. 소중한 물건을 잃어버리고 만 것이다.

수주가 지나고 수개월이 흘렀다. 그런데 어느 날 소년이 장난감 가게를 지나는데 무언가가 그의 주의를 끌었다. 이럴 수가 있을까? 정말일까? 더 가까이 가보았다. 그거였다. 그렇다. 진열장에 있는 작은 배는 그 소년의 것이었다.

소년은 너무나 기뻐서 가게 안으로 뛰어 들어가 진열된 작은 배에 대해 주인에게 이야기했다. 정말 그 소년의 것이었다. 그가 만들었으니 당연한 것이었다. 하지만 주인은 그 소년에게 "미안하구나" 하고 말했다.

"그렇지만 이젠 내 거야. 네가 갖고 싶으면 돈을 가지고 와서 사야 해."

슬픈 마음으로 소년은 그 가게를 나왔다. 그것을 살만큼 충분한 돈을 모으기 위해서는 열심히 일하고 저축해야 한다는 것을 의미했지만 소년은 그 배를 다시 가져오기로 했다.

마침내 그날이 왔다. 소년은 가게 안으로 들어가 어렵게 번 돈을 계산대 위에 놓았다.

"제 배를 사려고 왔어요"라고 소년은 말했다.

점원은 돈을 계산했다. 충분했다. 진열장에 손을 뻗어 그 배를 꺼내 소년에게 주었다. 그 배를 가슴에 안은 소년의 얼굴은 만족의 미소와 함께 밝아졌다.

"너는 내 거야" 하고 그는 말했다.

"두 번 내 거야, 내가 너를 만들었기에 내 것이고, 지금은 내가 너를 샀기 때문에 내 것이야!"

소년이 잃어버린 배를 찾고자 하는 마음을 품은 것은 그 배가 자신이 직접 만든 것이기 때문이었으며, 소년이 그 배를 찾은 이후 그 배를 소중히 여긴 이유는 값을 치르고 되찾았기 때문이다. 하나님께서 죄에 빠진 우리를 찾아오셔서 회복시켜주시는 이유는 하나님이 직접 하나님의 형상을 닮은 존재로 우리를 만드셨기 때문이고, 또 독생자이신 예수님이 죽기까지 우리를 사탄에서 구해내셨기 때문이다.

인생은 내가 시작한 것이 아니다. 더더욱 인생은 내가 주인공이 아니다. 내가 하나님이 되어 나를 위해 살면 주변 사람들에게 상처만 주고 나도 상처가 가득하게 된다. 결국 공허해진다. 파스칼은 이런 말을 했다. "제아무리 왕이라도 자기를 묵상하는 자는 불행하다." "불행의 원인은 늘 나 자신에게 있다."

우리 인생은 하나님이 시작하셨다.
내 인생의 주인은 하나님이시다.
우리 인생은 하나님과 함께 하나님을 위해
살면 살수록 더 풍성해지고 행복이 넘친다.
이것은 그리스도인만이 아는 비밀이다.

당신의 인생이 넘어졌는가? 회복 불가능한 자리에 있는가? 포기하지 말라. 당신의 인생을 회복시키길 원하시는 하나님이 계신다. 하나님은 당신을 회복시켜서 다시 당신과 친밀한 관계를 맺기 원하신다. 실패는 하나님을 만날 기회를 준다. 실패하고 넘어졌을 때 우리가 꼭 기억해야 하는 것은 하나님은 나의 과거와 현재와 미래의 실수를 다 아시는데도 여전히 나를 사랑하신다는 사실이다. 인생의 성공은 이 세상에서 무엇인가를 하는 것이 아니라 하나님과 친밀감을 누리는 것에 있다. 실패의 자리에서 일어나 하나님의 손을 잡으라. 어리석은 사람은 과거의 실패에 파묻혀 미래를 향해 나아가지 않는다. 당신의 미래는 당신이 생각하는 것보다 훨씬 위대한 삶이 기다리고 있다. 혹시 당신이 넘어졌는가? 다시 일어나 도전하라. 롱펠로가 말하지 않았던가. "썰물이 가고 나면 밀물이 온다"고.

회 · 복 · 축 · 제　02

열등감에서
자존감으로

열등감에서 자존감으로

빅터라는 소년은 열다섯 살 때 한 선생님으로부터 "너 같은 바보는 공부해도 소용없어. 너는 저능아야. 장사나 하는 편이 낫겠어"라는 말을 들었다. 그래서인지 그는 17년 동안 보따리 장사를 하면서 떠돌이 인생을 살았다. 그는 늘 '나는 저능아다. 나는 바보다. 나는 무능한 인간이다' 라고 생각하며, 자기를 천대하고 박대하며 살았다.

그러다가 서른두 살 때 우연히 IQ 검사를 받고, 자기의 IQ가 161이라는 사실을 알게 되었다. 저능아가 아니라 천재의 IQ를 가지고 있었던 것이다. 그는 자기가 천재라는 사실을 알게 되자 생각을 바꿨다. 자기를 바라보는 눈을 바꿨다. 말을 바꿨고 행동을 바꿨다. 그날 이후 그는 자기 생각을 표현하기 시작했고, 글도 쓰기 시작하여 수많은 책을

냈다. 사업에도 성공하여 큰 부자가 되었다. 나중에는 IQ 148 이상인 사람만 가입할 수 있는 멘사클럽의 회장이 되기도 했다.

빅터의 인생이 달라진 이유는 자기 자신을 바라보는 시각이 달라졌기 때문이다. 자신을 저능아에서 천재로 바라보자 인생이 달라진 것이다. 자기 스스로 열등감이 가득한 사람은 아무리 무한한 잠재력을 지녔더라도 탁월한 인생을 살 수가 없다.

내가 청년 시절 청소년 사역을 하면서 가장 큰 사역은 열등감이 많은 청소년들이 자존감을 느끼게 하는 것이었다. 그런데 이것은 청소년만이 아니라 모든 사람에게 있는 치명적인 문제이다.

자존감이 낮은 사람, 열등감이 많은 사람은 무엇을 해도 자신감이 없고 늘 주변 사람을 시기하는 패배자로 살아간다.

"나는 너무 어려. 나는 너무 나이가 많아. 나는 너무 배운 것이 없어. 나는 자격이 없어. 나는 너무 가진 것이 없어. 내겐 나를 돕는 사람이 없어. 나는 내가 봐도 매력이 없어. 나는 하는 일마다 안 돼. 나는 집안이 좋지 않아. 나는 잘하는 일이 하나도 없어."

이런 말을 하는 사람은 열등감이 가득해서 그렇다.

우리 모두는 하나님의 걸작품이다

하나님은 사람을 "이 땅을 다스리고 지키는 자"로 창조하셨다. 이 세상을 다스리는 자로 자존감이 넘치는 사람으로 살게하셨다. 그런데 사탄은 사람의 마음에 열등감을 주어 하나님께서 주신 잠재력을 마비시켜버린다. 사탄의 목적은 사람을 망하게 하는 것이다. 하나님께서 사람에게 주신 잠재력은 엄청나다. 처음 인류의 조상인 아담은 하루에 수천수만 가지가 넘는 짐승들의 이름을 다 지은 엄청난 창조력과 뛰어난 지혜를 가진 존재였다.

사탄은 하나님의 형상을 닮은 사람에게 있는 엄청난 잠재력을 안다. 그래서 그 잠재력이 드러나는 것을 겁낸다. 사탄은 사람에게 있는 잠재력이 드러나지 않도록 "너는 이래서 안 돼, 저래서 안 돼, 너는 실패자야, 너는 이제 끝났어"라고 끊임없이 속삭인다. 낮은 자존감, 열등감은 잠재력을 마비시킬 뿐만 아니라 미래의 꿈을 파괴하여 오늘살 힘을 잃어버리게 한다. 사탄은 과거를 망하게 하는 것이 아니라 오늘과 미래를 망하게 한다. 반면 성령 하나님은 젊은이에게 환상을 주고 늙은이에게도 꿈을 주어 오늘을 열정적으로 살게 하신다. 열등감이 많은 사람은 하나님께서 아무리 좋은 미래를 준비해두어도 스스로 낙심하여 그 좋은 미래를 차지할 수 없게 된다.

가나안 땅을 정탐하고 돌아온 12정탐꾼 중에 10명은 열등감이 많은 사람으로 절망적인 보고를 하였다. "거기서 네피림 후손인 아낙 자손의 거인들을 보았나니 우리는 스스로 보기에도 메뚜기 같으니 그들이 보기에도 그와 같았을 것이니라"(민 13:33). 그들은 하나님께서 다 준비해놓으신 가나안 땅을 포기하라고 말했다. 이것은 메뚜기 콤플렉스다. 자존감이 낮은 사람은 남과 비교하는 메뚜기 콤플렉스에 빠져 새로운 시도를 하지 않는다. 아무리 좋은 미래가 준비되어 있어도 차지할 수가 없다.

낮은 자존감과 열등감은 아담이 하나님을 떠날 때 생긴 것이다. 이제 우리는 예수님을 믿어 하나님과 다시 하나가 되었다. 우리는 하나님께서 원래 만드신 모습으로 돌아가야 한다. 하나님은 우리 한 사람 한 사람을 하나님의 형상을 닮은 자로 만드셨다.

"하나님이 자기 형상 곧 하나님의 형상대로 사람을 창조하시되"(창 1:27).

하나님은 어느 한 사람이라도 대충 만든 사람이 없다. 우리는 모두 심히 기묘하게, 즉 놀랍게 만든 하나님의 걸작품이다.

"내가 주께 감사하옴은 나를 지으심이 심히 기묘하심이라"(시 139:14).

우리는 창세 전에 하나님께서 택하신 존재이다.

"곧 창세 전에 그리스도 안에서 우리를 택하사"(엡 1:4).

우리는 이 땅에 축복을 주는 복의 근원으로 태어난 자이다.

"내가 너로 큰 민족을 이루고 네게 복을 주어 네 이름을 창대하
게 하리니 너는 복이 될지라"(창 12:2).

우리를 향한 하나님의 계획이 아무리 커도 우리가 낮은 자존감으
로 자신을 비하하며 열등감에 사로잡혀 있다면 우리 삶은 초라하게
될 것이다.

하나님의 눈으로 자신을 바라보라

기드온은 여호수아가 죽은 뒤 이스라엘 백성들이
우상 숭배에 빠진 혼돈의 시기에 살았던 자이다. 이 시기에 이스라엘
백성들은 미디안 사람들의 침략을 많이 받았다. 미디안 사람은 이스
라엘의 동쪽에 살던 민족인데, 메뚜기 떼처럼 밀려와 이스라엘 땅을
약탈했다. 농작물은 물론이고 양과 소도 남기지 않고 다 빼앗아갔다.
이들의 약탈이 얼마나 심했던지 이스라엘 백성들은 미디안 사람
들의 약탈을 피해 7년이라는 긴 세월 동안 아예 산으로 들어가 햇빛

이 비치지 않는 동굴에 숨어 살았다. 기드온은 이런 암울한 시대에 살던 평범한 사람이었다. 그는 절망의 동굴 속에 숨어 자기 자신을 초라한 자로 여기며 살았다.

그러나 하나님은 기드온에게 여호와의 사자를 보내 이렇게 말씀하셨다.

"여호와의 사자가 기드온에게 나타나 이르되 큰 용사여 여호와께서 너와 함께 계시도다 하매"(삿 6:12).

하나님은 동굴에 숨어 사는 기드온을 '큰 용사'라 부르시며, 이스라엘 백성을 미디안의 손에서 구해내라고 말씀하셨다. "여호와께서 그를 향하여 이르시되 너는 가서 이 너의 힘으로 이스라엘을 미디안의 손에서 구원하라 내가 너를 보낸 것이 아니냐 하시니라"(삿 6:14).

이때 기드온의 반응은 기대가 넘치거나 신난 게 아니라 자신의 열등감을 말하였다. "그러나 기드온이 그에게 대답하되 오 주여 내가 무엇으로 이스라엘을 구원하리이까 보소서 나의 집은 므낫세 중에 극히 약하고 나는 내 아버지 집에서 가장 작은 자니이다 하니"(삿 6:15).

기드온은 "내가 무엇으로 이스라엘을 구원하리이까?"라며 자신의 무능을 말하였다. 그는 자신이 므낫세 지파 중에서 극히 약한 집안이고, 그 집안에서도 가장 작은 자, 즉 가장 시시한 자라고 말한다. 이것은 기드온이 평소에 가지고 있던 자기 자신에 대한 평가이다. 그는 아주 낮은 자존감을 지닌 열등감에 사로잡힌 사람이었다. '극히 약하다, 가장 작은 자다'라는 것은 기드온의 자기비하이고 열등감의 표현이었다.

사실 기드온의 집은 지극히 작은 집안이 아니었다. 하나님께서 기드온에게 "너의 집 안에 있는 우상을 제거하라"고 말씀하셨을 때 기드온은 그의 집에 있는 종 10명을 데리고 우상을 다 없애버린 일이 있었다. 기드온의 집은 종이 10명이나 있었고, 소와 많은 양을 가진 큰 부자였다. 그런데도 그는 "나의 집은 므낫세 중에 극히 약하고 나는 가장 작은 자"라고 말하고 있다. 하나님이 기드온을 보시는 것과 기드온이 자신을 보는 것이 달랐다. 하나님은 기드온을 '큰 용사'로 보셨으나, 그는 자신을 '극히 약하고 가장 작은 자'로 보았다.

우리는 내가 나를 바라보고 생각하는 것보다
하나님이 나를 보고 생각하시는 것이
더 중요하다는 사실을 알아야 한다.
진짜 내 모습은 내가 보는 '나'가 아니라
하나님이 보시는 '나'이다.
우리는 하나님의 눈으로 나를 바라보아야 한다.

우리의 가장 큰 문제점은 하나님이 나를 보시는 것처럼 나 자신을 생각하지 않는다는 것이다. 대단한 사람이 되려고 애쓸 필요가 없다.

당신이 예수님을 믿은 순간 당신은 하나님께 대단한 존재가 되었다. 하나님의 자녀가 되었기 때문이다. 신분이 바뀐 것이다. 하나님은 하나님의 자녀인 당신을 사랑하신다. 어느 정도 사랑하시는가? 당신을 위해 예수님을 이 땅에 보내셔서 죽게 하기까지 사랑하신다. 주변 사람들이 당신을 무엇이라고 말하든지 하나님은 당신을 끔찍이 사랑하신다. 당신이 기드온처럼 모든 사람을 떠나 동굴에 숨어 살아도 하나님은 당신을 사랑하고, 당신을 향해 큰 기대를 하고 계신다.

하나님은 열등감에 사로잡혀 있는 기드온에게 이렇게 말씀하셨다.

"여호와께서 그에게 이르시되 내가 반드시 너와 함께하리니
네가 미디안 사람 치기를 한 사람을 치듯 하리라 하시니라"
(삿 6:16).

하나님은 기드온에게 처음 나타나셔서 "큰 용사여, 내가 너와 함께하고 있다"라고 말씀하시고, 기드온이 자신은 극히 약하고 가장 작은 자라고 말하자, 또 다시 "내가 반드시 너와 함께하여 큰 승리를 이룰 것이다"라고 말씀하셨다. 우리의 모든 열등감은 하나님께서 나와 함께하신다는 사실을 깨닫지 못하기 때문에 생기는 것이다. 하나님이 나와 함께하신다는 것을 알면 동굴에서 빠져나와 위대한 인생을 살게 된다.

기드온은 하나님이 함께하심을 믿게 되자, 자신감을 가지고 이스

라엘 백성을 구하기 위해 뛰어들었다. 처음 이스라엘 군사를 모집하였을 때 3만 2천 명이 모였다. 하나님은 군사가 너무 많으니 두려워 떠는 자는 돌아가게 하라고 하셔서 1만 명이 남았다. 하나님은 그 숫자도 많다고 하셔서 결국 3백 명의 군사만 남게 되었다. 기드온은 3백 명으로 13만 5천 명이라는 거대한 미디안 군대를 이기는 놀라운 기적을 일으켰다. 하나님과 함께하는 자에겐 숫자가 중요하지 않다는 사실을 보여주는 사건이다.

기드온이 아무런 자존감도 없이 열등감에 사로잡혀 동굴에 숨어 살다가 하나님이 쓰시는 큰 인물이 된 것은 그가 하나님이 함께하신다는 사실을 깨닫고 자신감을 가졌기 때문이다. 당신도 기드온처럼 눈에 보이는 상황만 보고 작아지면 안 된다. 세상 최고의 적은 내 마음속에 있다. 열등감이 많은 사람은 자신에게 있는 무한한 가능성을 보지 못하고 자신에게 없는 것만 본다. 열등감이 많은 사람은 새로운 일을 잘 시도하지 않고 늘 못한다는 말을 잘한다. 열등감이 많은 사람은 조그마한 일에도 겁내고 무서움이 많다. 만약 기드온이 계속 자기는 지극히 작은 자라고 하며 동굴에 숨어 살았다면 그는 결코 이스라엘 민족을 살려내는 위대한 일을 해내지 못했을 것이다.

최초의 기독교 선교사였던 윌리엄 캐리는 "하나님으로부터 위대한 것을 기대하고 하나님을 위해 위대한 것을 시도하라"는 말을 하였다. 당신을 향한 하나님의 계획은 당신이 생각하는 것보다 훨씬 크고 위대하다. 절대로 낮은 자존감으로, 열등감으로 당신의 미래를 제한

해서는 안 된다. 당신을 망하게 할 사람은 당신뿐이다. 당신이 당신을 무시하지 않는다면 당신은 결코 망하지 않는다. 열등감에서 빠져나오는 길은 하나님께서 나를 사랑하시고 나와 함께하신다는 사실을 굳게 믿는 것이다.

사탄의 음성을 듣고 주눅 들어 살지 말고, 하나님이 함께하심을 믿고 자신감을 갖고 멋진 인생을 살라. 우리는 하나님이 함께하시면 무엇이든지 할 수 있다. 하나님은 '나는 별로 가치가 없는 존재'라고 느끼며 절망의 동굴 속에 갇혀 있는 자에게 찾아가서 "너는 큰 자라"고 말씀하시는 분이다. 하나님은 당신이 아무리 깊은 동굴에 들어가 있어도 찾아가신다. 하나님의 빛이 들어가지 못할 동굴이란 없다. 하나님은 당신을 쓰기 원하신다.

우리 최고의 자존감은 하나님의 사랑이다
- -

우리는 하나님이 쓰시는 선지자는 아무런 열등감이나 부족함이 없는 특별한 능력을 지닌 존재라고 생각하기 쉽다. 그러나 예레미야 선지자는 정말 자기 비하와 낮은 자존감의 사람이었다. '예레미야'라는 이름조차도 아주 비관적이었다. '예레미야'라는 말의 뜻은 '하나님이 떨어뜨리셨다'이다. 즉 하나님이 떨어뜨린 부스러기 같은 하찮은 존재라는 것이다. 그는 제사장 힐기야의 아들로 태어났지만 그가 태어난 시기는 북쪽 이스라엘은 앗수르의 침공으로 이미 멸망한 상태였고, 이제 남아 있는 남쪽 유다도 바벨론 침략을 앞둔 어두운 시대였다. 그때 하나님이 예레미야를 찾아오셔서 그를 선지자로 세웠다고 말씀하신다.

> "여호와의 말씀이 내게 임하니라. 이르시되 내가 너를 모태에 짓기 전에 너를 알았고 네가 배에서 나오기 전에 너를 성별하였고 너를 여러 나라의 선지자로 세웠노라 하시기로"(렘 1:4-5).

여기에 '성별하였다'는 말 '카다쉬'는 '특별히 구별하여 거룩하게 따로 분리해두었다'는 뜻이다. 이 말씀은 예레미야에게만 적용되는 말씀이 아니라 이 땅에 태어난 모든 사람에게 주시는 말씀이다. 우리는 우연히 부모의 실수로 태어난 존재가 아니다. 우리는 어머니의 모태에서 지어지기 전에 먼저 하나님의 계획 속에서 하나님께서 선택한 자이다.

우리는 짐승에서 진화된 존재가 아니다. 우리는 하나님의 형상을 닮은 자이고, 하나님의 계획 속에서 이 땅에 태어난 자이다. 우리가 하나님의 계획 속에서 태어난 자라는 말은 우리에게 큰 자존감을 준다. 우리의 부모가 누구인지는 그리 큰 문제가 아니다. 우리를 이 땅에 보내신 분이 하나님이라는 점이 중요하다. 그리고 그 하나님이 나를 택하셨다는 사실이 중요하다. "너희가 나를 택한 것이 아니요 내가 너희를 택하여 세웠나니"(요 15:16). 우리가 하나님을 택한 것이 아니다. 하나님이 우리를 택하신 것이다.

우리는 태어날 때부터 모두 다르다. 어떤 사람은 미술을 잘하는 자로, 어떤 사람은 음악을 잘하는 자로, 어떤 사람은 책 읽는 것을 좋아하는 자로, 어떤 사람은 운동을 잘하는 자로, 어떤 사람은 말을 잘하는 자로 다 다르게 태어난다. 모든 사람이 다 다르게 태어난다는 것은 모든 인류를 다 다르게 태어나게 하시는 하나님이 계신다는 증거가 되기도 한다. 한 나무에 달린 나뭇잎들은 그 모양이 모두 다르다. 겨울에 내리는 눈송이 하나하나도 다 다른 모양을 하고 있다.

우린 모두 다 다른 재능을 가지고 태어났다. 하나님은 우리 모두에게 각기 다른 재능을 주시고, 각기 다른 위치에서 독특한 일을 하게 하신다. 우리는 절대로 무능하거나 쓸모없는 존재로 태어난 자가 아니다. 우리는 세상 사람과는 다르게 살도록 특별히 따로 구별하여 택함 받은 자들이다.

예레미야는 하나님께서 "내가 너를 선택하였고 내가 너를 선지자로 세웠다"라고 하신 말씀에 신나거나 흥분하지 않았다. 그는 워낙 자존감이 없는 자였기에 자신은 아무것도 할 수 없는 자라고 대답했다. "내가 이르되 슬프도소이다. 주 여호와여 보소서. 나는 아이라 말할 줄을 알지 못하나이다 하니"(렘 1:6).

예레미야의 대답 첫마디가 "슬프다"는 말이다. 그는 무엇을 해도 슬픔이 앞선다. 그는 비관적인 인생관을 가진 사람이었다. 여기에

'아이'라는 말은 좋은 뜻으로 사용한 것이 아니다. 자신은 아무것도 할 수 없다는 무능함을 표현하는 말이다. 예레미야는 자기 자신을 사랑하지 않았다. 그래서 그는 늘 우울 모드로 살아가고 있었고, 무엇을 해도 슬픔이 앞선 자로 살았다. 이처럼 자기 자신을 사랑하지 않는 사람은 아무 일도 할 수 없다.

당신은 사는 것이 신나고 하루하루가 다 기대가 넘치기 바란다. 우울 모드로 사는 사람이 있다면 리셋하여 기쁨 모드로 바꾸기 바란다. 이 세상에 누가 가장 행복한 사람인가? 아침에 눈을 떴을 때 기대가 넘치는 사람이다. 당신은 매일 자신감을 가지고 기대가 넘치는 인생을 살기 바란다. 슬프다, 우울하다, 두렵다, 사는 것이 재미없다, 살고 싶지 않다, 이런 말을 하지 않기 바란다. 그런 말은 사탄이 주는 속삭임이다. 사탄과 대화를 많이 하는 사람은 망한다. 사탄은 우리가 인생을 망치길 원하는 존재이다.

그렇다면 예레미야는 왜 이렇게 열등감이 많고 우울한 사람이 되었는가? 아마 그의 어린 시절부터 아버지가 지어준 "너는 하나님께서 떨어뜨린 자야." "너는 부스러기야." "너는 쓰레기야"라고 부른 이름이 주는 부정적인 영향 때문이었을 것이다. 그러면 예레미야의 아버지는 제사장인데 왜 아들의 이름을 이렇게 지었을까? 아마 그 시대가 너무나 암울한 시대였기 때문일 것이다. 이것은 부모의 잘못이다. 만약 당신의 부모가 당신에게 잘못된 이름을 지어주었다 해도 하나님은 당신을 사랑하시고 당신을 쓰기 원하신다는 사실을 믿어야 한다.

우리 최고의 자존감은 하나님의 사랑이다. 신이신 하나님이 나를 사랑하신다. 내가 이 땅에 태어난 그 자체가 하나님의 사랑이다. 하나님의 사랑이 아니고서는 우리는 절대로 이 땅에 태어날 수가 없다. 당신이 어려운 시대에 태어났는가? 참으로 어려운 가정에서 태어났는가? 당신이 아무리 힘든 상황 속에 태어났다고 해도 하나님은 당신을 택하셨고, 당신을 통해 이 세상을 바꾸길 원하신다. 우리는 슬픈 노래를 부르기 위해 태어난 존재가 아니라 승리의 노래를 부르기 위해 태어난 사람이다.

예레미야는 하나님이 그를 택하셨고 선지자로 세우셨다고 말씀하시는데 "나는 아이라 아무것도 할 수 없다"라고 말하고 있다. 자존감이 없는 사람은 무엇을 해도 할 수 없다고 말하고, 무슨 말을 해도 안 된다고만 한다. 자기 자신을 무능하게 생각하는 이 열등감은 큰 병이다. 이 사람은 열등감이라는 늪에서 빠져나와야 한다.

하나님은 다시 예레미야에게 말씀하신다. "여호와께서 내게 이르시되 너는 아이라 말하지 말고 내가 너를 누구에게 보내든지 너는 가며 내가 네게 무엇을 명령하든지 너는 말할지니라"(렘 1:7). 하나님은 예레미야의 말을 들으시고 "아이라 말하지 말라. 너는 이제 내 말을 하라"고 말씀하신다. 당신도 이제부터는 당신 스스로 "나는 아무것도 못합니다. 나는 무능합니다. 나는 쓸모없는 자입니다"라고 말하지 말라.

하나님은 예레미야에게 두려워하지 말고, 하나님의 말을 하라고 거듭 말씀하신다.

"너는 그들 때문에 두려워하지 말라. 내가 너와 함께하여 너를 구원하리라. 나 여호와의 말이니라 하시고 여호와께서 그의 손을 내밀어 내 입에 대시며 여호와께서 내게 이르시되 보라. 내가 내 말을 네 입에 두었노라"(렘 1:8-9).

예레미야의 위대함은 그가 어린 시절부터 수없이 들었던 '하나님에게서 떨어진 자'라는 열등감의 말을 버리고, 하나님이 쓰시는 선지자라는 말을 받아들인 것이다. 그가 하나님의 말씀을 듣고 말씀대로 살자 어두운 시대에 하나님의 말씀을 예언하는 열정의 선지자가 되었다. 유다라는 나라는 예레미야 선지자의 말대로, 그의 예언대로 다 이루어졌다.

당신은 하나님의 자녀인가? 그렇다면 당신 자신을 깎아내리는 말을 하지 말라. 자존감을 높이는 말을 하고, 자신감 넘치는 말을 하라. 당신의 입술이 하나님께서 말씀하시는 것처럼 말하는 입술이 된다면 당신의 인생은 달라질 것이다.

비교는 기쁨을 빼앗아가는 강도이다

기드온이나 예레미야가 어떻게 열등감에서 빠져나왔는가? 자신의 실력이나 능력과는 상관없이 하나님께서 그들을 택하고 쓰겠다고 하신 말씀 때문이었다. 당신은 세계 최고의 학부인 하버드 대학생의 80%가 열등감을 가지고 있다는 말을 들어보았을 것이다. 세계 최고의 수재들 대부분이 열등감을 지니고 있다는 것은 말이 안 되는 것 같다. 하지만 많은 이가 열등감 속에 살아가고 있다. 내가 아무리 공부를 잘해도 세상에는 나보다 공부를 더 잘하는 사람들이 얼마든지 있고, 외모가 뛰어난 사람도, 성공한 사람도 많다. 그러니 열등감의 늪에서 빠져나올 수 있는 비결은 내 실력이나 능력이 아니라 하나님께서 나를 택하시고 사랑하신다는 말씀을 의지하는 것이다.

열등감이 밀려올 때 우리 그리스도인이 꼭 알고 기억해야 하는 것은 하나님이 나를 택하시고 나를 사랑하신다는 사실이다. 그렇다면 하나님은 왜 우리를 택하시고 우리를 사랑하시는가? 우리가 하나님의 자녀이기 때문이다.

"보라. 아버지께서 어떠한 사랑을 우리에게 베푸사 하나님의 자녀라 일컬음을 받게 하셨는가. 우리가 그러하도다. 그러므로 세상이 우리를 알지 못함은 그를 알지 못함이라"(요일 3:1).

"사랑하는 자들아 우리가 지금은 하나님의 자녀라"(요일 3:2).

우리는 하나님의 자녀이다. 남과 비교할 필요가 없다. 열등감은 주변 사람과 비교할 때 생기는 것이다. 이 세상에 나와 똑같은 사람은 없다. 70억 인구 가운데 나와 똑같이 생긴 사람은 나 하나뿐이다. 그러니 남과 비교할 필요가 없다.

하나님은 나를 다른 사람과 똑같이 사랑하시는 것이 아니라 나에게만 독특하게 대하시고 나를 특별하게 사랑하신다. 부모는 자녀들을 다 똑같이 사랑하지만 다 다르게 사랑한다. 음악을 좋아하는 아이에게는 음악으로 사랑하고, 책을 좋아하는 아이에게는 책으로 사랑을 표현한다. 또한 운동을 좋아하는 아이에게는 운동으로 사랑을 표현하고, 먹는 것을 좋아하는 아이에게는 음식으로 사랑을 표현한다. 아이마다 부모가 그 아이를 사랑하는 표현이 다 다르다.

성 어거스틴은 하나님의 이런 독특한 사랑에 대하여 "하나님은 우리 각 사람을 이 세상에 존재하는 유일한 사람인 것처럼 사랑하신다"라고 말하였다. '유일하다'는 말은 단 하나뿐이라는 뜻이다. 그러니까 하나님께서 나를 사랑하시는 그 사랑은 나에게만 주시는 유일한 사랑이라는 것이다.

나는 하나님의 처음이자 마지막 작품이다.
나와 같은 사람은 이 세상에 다시 존재하지 않는다.

또 다른 나는 다시없을 것이다. 나는 죽어도 영원히 나로 존재한다. 나는 영원히 나로 남을 것이다. 나는 대량으로 찍어낸 공산품이 아니다. 나는 영원히 하나밖에 없는 자이니 이 얼마나 소중한 존재인가? 당신이 크든 작든, 돈이 있든 없든, 영어를 잘하든 못하든, 노래를 잘하든 못하든지 상관없이 당신은 하나님의 하나밖에 없는 소중한 존재이며, 오직 당신만이 하나님께 드릴 수 있는 기쁨이 있다. 하나님은 당신 한 명 때문에 기쁨을 이기지 못하겠다고 말씀하신다.

> "너의 하나님 여호와가 너의 가운데에 계시니 그는 구원을 베
> 푸실 전능자이시라. 그가 너로 말미암아 기쁨을 이기지 못하시
> 며 너를 잠잠히 사랑하시며 너로 말미암아 즐거이 부르며 기뻐
> 하시리라 하리라"(습 3:17).

하나님이 당신을 기뻐하시는 이유는 당신이 하나님의 자녀이기 때문이다. 이제 자신을 남과 비교하며 열등감에 빠지지 말라. 하나님은 그냥 당신의 있는 모습 그대로를 사랑하신다. 루스벨트 대통령은 "비교는 기쁨을 빼앗아가는 강도다"라는 말을 했다. 당신은 누구인가? 하나님이 당신을 누구라고 말씀하시는가? 주변 사람들의 말을 듣지 말라. 조용히 눈을 감아보라. 당신을 창조하신 하나님이 당신을 향해 무엇이라고 말씀하시는가? 하나님이 나 하나만을 특별하게 사랑하신다는 사실을 받아들이고, 모든 열등감을 버리며, 자존감이 넘치는 삶을 살라. 하나님과 당신과의 사랑은 일대일의 관계이다.

사탄은 오랫동안 사람들에게 비교와 경쟁을 부추겨서 열등감을

느끼며 살게 하였다. 사탄은 늘 주위에 나보다 뛰어난 자들을 보며 열등감과 낮은 자존감을 갖게 해서 하나님이 주신 놀라운 잠재력이 드러나지 못하게 속여 왔다. 낮은 자존감은 하나님의 사랑을 차단하는 사탄이 주는 치명적인 거짓말이다. 사탄의 거짓된 속삭임에 속지 말라. 당신은 하나님에게 하나밖에 없는 존귀한 자녀이다.

자신감을 가지고 살라. 왕자가 기죽어 사는가? 왕자는 어떤 자리에 있든지 왕자다움을 잃지 않고 당당하게 살아간다. 우리는 하나님 나라의 왕자이며 공주이다. 하나님의 자녀답게 당당하게 살라. 누가 무슨 권한으로 하나님이 사랑하시는 당신을 깎아내리고 열등감을 주는가? 하나님께서 당신을 얼마나 귀히 여기시는데….

하나님은 사랑하는 당신 한 명을 위해 자신의 아들 예수님을 죽게 하셨다. 그만큼 당신을 가치 있는 존재로 보신다. "우리가 아직 죄인 되었을 때에 그리스도께서 우리를 위하여 죽으심으로 하나님께서 우리에 대한 자기의 사랑을 확증하셨느니라"(롬 5:8). 누가 무슨 권한으로 하나님이 사랑하는 당신을 볼품없는 존재라고 말하는가?

"그러나 너희는 택하신 족속이요 왕 같은 제사장들이요 거룩한 나라요 그의 소유가 된 백성이니 이는 너희를 어두운 데서 불러내어 그의 기이한 빛에 들어가게 하신 이의 아름다운 덕을 선포하게 하려 하심이라"(벧전 2:9).

우리는 분명히 해야 할 일이 있다. 우리는 분명 하나님이 택하시고 특별히 구별하여 사랑하는 존재이다. 하나님이 우리를 택하셨다는 것은 우리의 과거와 미래를 다 아시는데도 선택해주셨다는 뜻이다. 하나님은 나의 실수를 다 아신다. 하나님은 나의 부족함을 다 아신다. 하나님은 나의 연약함을 다 아신다. 하나님은 나의 열등감을 다 아신다. 그래서 버린 것이 아니라 그래서 택하셨다. 그리고 사랑하신다. 하나님은 나를 존귀하게 여기신다.

하나님의 사랑으로 당신의 잠재력을 풀어놓으라. 하나님의 사랑으로 당신의 미래를 기대하라. 하나님은 당신을 자신 있게 살라고 창조하셨다. 충만한 자신감으로 살라. 당신은 하나님의 눈에 넣어도 아프지 않을 만큼 하나님에게 소중하다. 당신은 당신이 생각하는 것보다 훨씬 더 소중한 사람이다. 당신은 당신 자신을 포기할 수 있으나 하나님은 당신을 절대로 포기하지 않으신다. 하나님은 지금 당신의 모습을 점점 하나님의 원하시는 모습으로 바꾸어가실 것이다.

이탈리아 피렌체 대성당 작업장에 6m나 되는 거대한 대리석이 버려진 채로 있었다. 미켈란젤로는 이 버려진 대리석을 가지고 3년 동안 쉬지 않고 조각하여 세계적인 작품 다비드상을 완성하였다. 제막식 날 미켈란젤로는 이렇게 말하였다. "나는 볼품없는 대리석 안에서 다윗을 발견하였고, 그 다윗상이 자유롭게 표현될 때까지 깎고 깎아 다윗이 살아나게 하였다."

'나'라는 존재가 작업장에 버려진 대리석처럼 초라하게 보이는가? 하나님은 '나'라는 존재를 마치 미켈란젤로가 평범한 대리석에 숨겨진 다윗을 깎아내듯 나를 위대한 존재로 보시고 지금도 깎고 다듬고 계신다. "너희 안에서 착한 일을 시작하신 이가 그리스도 예수의 날까지 이루실 줄을 우리는 확신하노라"(빌 1:6).

당신은 초라한 존재가 아니다. 당신은 버려진 존재가 아니다. 세계적인 조각가가 사물을 보는 눈은 남들과 다르다. 최고의 예술가이신 하나님은 우리를 보시는 눈이 다르다. 하나님의 눈은 세계적인 조각가의 눈보다 훨씬 뛰어나다. 하나님은 우리를 가치 있는 존재로 보신다. 하나님은 우리를 통해 온 세상을 다스리기 원하신다. 하나님은 당신을 존귀한 자로 보신다. 열등감이 아니라 자존감 넘치는 자로 살라. 당신은 이 세상 사람과 다른 특별히 구별된 자이다. 당신은 존귀한 자이다.

한 미국인이 파리에 관광을 갔다가 한 골동품 가게에서 진주목걸이를 하나 구입했다. 아주 뛰어난 디자인이었지만 너무 낡아 빛이 하나도 나지 않는 초라한 진주였기에 우리 돈으로 5만 원이라는 비교적 헐값에 살 수 있었다.

집에 돌아온 남자는 목걸이를 보석함에 넣어두었는데 몇 년 뒤 사정이 어려워져 다시 팔기로 했다. 집에서 가까운 보석상에 갔는데 주인은 면밀히 목걸이를 살펴보더니 200만 원을 줄 테니 목걸이를 팔라고 했다. 깜짝 놀란 남자는 영문을 몰라 일단 목걸이를 가지고 집으로 왔다. 그리고 다시 다른 보석상에 가서 목걸이를 감정 받았는데 그곳 주인은 500만 원을 주겠다고 했다.

남자가 도대체 이 낡은 목걸이를 왜들 그렇게 비싸게 부르냐고 묻자 주인이 대답했다.

"이 목걸이가 어떤 건지 정말 모르시는 분이군요? 여기 적힌 글씨를 보십시오. '사랑하는 조세핀에게' 바로 옆에는 나폴레옹의 서명이 있습니다."

나폴레옹의 사인이 있는 그 목걸이는 어마어마한 값어치를 가진 보물이었다.

우리는 성령의 인치심으로 하나님의 사인이 있는 귀한 존재이다. 값을 매길 수 없는 존귀한 존재이다. 사람은 자신을 어떤 존재로 여기느냐에 따라 전혀 다른 인생을 산다. 내가 지극히 높으신 하나님의 자녀라는 사실을 아는 자는 하나님의 자녀로 살 것이고, 나를 하루하루 사는 것도 버거운 나약한 존재로 생각하는 자는 정말 약한 존재로 살아갈 것이다. 당신의 동의 없이는 아무도 당신이 열등하다고 느끼게 할 수 없다.

당신을 존귀한 자로 여기라. 우리는 모두 존귀한 자로 태어났고 존귀한 자로 살아야 한다. 그런데 지금 내가 넘어졌다고, 실수했다고, 하는 일이 잘 안된다고 나를 존귀하게 여기지 않는다면 나는 스스로 짐승이 되는 것이다. "존귀하나 깨닫지 못하는 사람은 멸망하는 짐승

같도다"(시 49:20). 우리는 우연히 태어난 존재가 아니다. 우리는 망하기 위해 태어난 존재도 아니다. 하나님의 계획 속에서 하나님의 뜻대로 이 땅에 태어난 존재들이다.

1858년 뉴욕 어느 가정에 한 아이가 태어났다. 그는 소아마비요 시력도 약하고 천식까지 있어서 촛불을 끌 기력도 없는 허약한 아이였다. 하지만 그 아버지의 생각은 달랐다. 허약한 자기 아들에게 늘 이런 말을 했다.

"네가 가진 장애는 장애가 아니다. 하나님을 믿으면 그리고 하나님이 너와 함께하신다면 오히려 네가 가진 장애 때문에 모든 사람이 너를 주목하게 될 것이고 신화와 같은 기적을 낳게 될 것이다. 나는 너를 믿는다."

이 아이가 자라서 23세에 뉴욕의 주의원이 되었고, 28세에 뉴욕 시장에 출마하였으며, 주지사와 부통령을 걸쳐서 미국 대통령이 되었다. 1906년에는 휠체어를 타고 노벨 평화상을 받기도 하였다. 이 사람이 바로 미국 26대 대통령 테오도르 루스벨트다. 그는 미국의 대공황을 이겨내고 나서 "부정적인 말에 귀 기울이는 자의 인생에는 실패뿐이다"라는 유명한 말을 남겼다.

당신 자신에 대해 자존감을 가지고 살라. 찬란한 내일이 나타날 것이다. 하나님은 절대로 쓰레기를 창조하지 않으셨다. 하나님은 당신이 태어날 때 "보기에 좋았다"라고 말씀하셨다. 당신은 하나님 보시기에 소중한 자로 태어났다. 이 지구상에 쓸데없이 자리만 차지하고 있는 사람은 아무도 없다. 우리는 모두 어딘가에 쓰일 목적을 위해 창조되었다. 당신은 이 세상에 딱 하나뿐인 보석이다.

회·복·축·제 03

분노에서
온유로

분노에서 온유로

인류 역사상 손꼽히는 넓은 땅을 정복한 왕 칭기즈칸은 사냥을 나갈 때면 늘 매를 데리고 다녔다. 매를 사랑하여 마치 친구처럼 여기며 길렀다. 하루는 사냥을 마치고 돌아오는 길이었다. 그는 어깨 위에 앉아 있던 매를 공중으로 날려 보내고 자신은 목이 말라 물을 찾았다. 가뭄으로 개울물은 말랐으나 바위틈에서 똑똑 떨어지는 석간수를 발견할 수 있었다.

그가 바위틈에서 떨어지는 물을 잔에 받아 마시려고 하는데 난데없는 바람소리와 함께 자신의 매가 그의 손을 쳐서 잔을 땅에 떨어뜨렸다. 매가 계속해서 방해하자, 칭기즈칸은 몹시 화가 났다.

"네가 감히 이런 짓을 하다니, 이번이 마지막이다!"

그런데 이번에도 매가 날아와서는 잔을 떨어뜨렸다. 칭기즈칸은 재빨리 칼을 휘둘러 매를 베어죽었다.

그는 죽은 매를 치우면서 바위 위를 보게 되었는데, 거기에는 독사의 사체가 샘물 안에서 썩고 있었다. 만약 칭기즈칸이 그 물을 마셨더라면 즉사할 수도 있었다. 매는 그것을 알고 물을 계속 엎어버렸던 것이다. 칭기즈칸은 막사로 돌아와 금으로 매의 형상을 뜨게 하고 양날개에 각각 다음과 같은 문구를 새겼다.

"분노로 한 일은 실패하게 마련이다."

화는 잘 다스려야 할 감정이다. 화를 잘못 다스리면 건강도 잃고 평생 관계가 깨어질 수도 있다. 모든 의사는 병의 원인이 대부분 스트레스 때문이라고 말한다. 그 스트레스가 바로 화이다. 화가 난다고 다 폭발하면 분노조절장애가 된다. 이 세상을 살다 보면 화나는 일이 많다. 예수님을 잘 믿는 사람도 화가 난다. 화는 감정을 가진 사람에게 있는 자연스러운 감정이다.

하나님도 우리가 죄를 지으면 진노하셨다. 예수님도 바리새인들을 향하여 "있을진저!"라고 하시며 화를 내셨다. 하나님과 예수님의 분노를 '거룩한 분노'라고 말한다. 우리에게는 예수님과 같은 거룩한 분노보다 파괴적인 분노가 있기에 문제가 된다. 파괴적인 분노는 죄이다.

분노는 잘 다스려야 할 감정이다

창세기 4장에 나오는 가인의 죄는 파괴적인 분노로 생긴 최초의 죄악이다. "아담이 그의 아내 하와와 동침하매 하와가 임신하여 가인을 낳고 이르되 내가 여호와로 말미암아 득남하였다 하니라. 그가 또 가인의 아우 아벨을 낳았는데 아벨은 양 치는 자였고 가인은 농사하는 자였더라"(창 4:1-2).

아담이 낳은 첫째 아들의 이름은 가인이었고, 둘째 아들은 아벨이었다. '가인'이란 이름은 '가지다. 붙잡는다. 취하다'는 뜻이고, '아벨'은 '일시적이다. 공허하다'는 뜻이다. 가인은 무엇이든 자기 마음대로 하는 교만한 자였고, 아벨은 인생이 일시적이라는 것을 아는 겸손한 자였다.

가인과 아벨은 서로 하는 일이 달랐다. 가인은 농사를 지었고 아벨은 양을 길렀다. "세월이 지난 후에 가인은 땅의 소산으로 제물을 삼아 여호와께 드렸고 아벨은 자기도 양의 첫 새끼와 그 기름으로 드렸더니 여호와께서 아벨과 그의 제물은 받으셨으나 가인과 그의 제물은 받지 아니하신지라"(창 4:3-4).

가인과 아벨은 농작물 수확철에 하나님께 예물을 드렸는데, 하나님께서 가인의 예물은 받지 않으시고 아벨의 예물만 받으셨다.

"가인과 그의 제물은 받지 아니하신지라. 가인이 몹시 분하여 안색이 변하니"(창 4:5).

이 일에 대해 가인은 몹시 화내며 분노하였다. 여기서 우리는 잠깐 하나님께서 왜 가인의 예물은 받지 않으시고 아벨의 예물만 받으셨는지에 대한 궁금증이 생긴다. 이에 관해 성경학자들의 두 가지 이론이 있다.

첫 번째는 제물의 차이 때문이라는 주장이다.

가인은 땅의 소산물을 제물로 드렸고 아벨은 양의 첫 새끼와 기름으로 드렸다. 구약의 제사는 반드시 짐승을 잡아 피를 뿌리는 제사를 드렸다. 그래서 양을 드리고 피를 뿌리는 아벨의 제사는 받으시고 곡식을 드리는 가인의 제사는 받지 않으셨다는 전통적인 해석이다.

그런데 이 해석에는 조금 무리가 있다. 왜냐하면 구약 제사법에는 짐승의 피를 드리는 것 외에도 곡식을 드리는 소제가 있었다. 소제는 곡식을 불로 태워 제사를 드리는 것이다. 그러므로 제물 때문에 하나님께서 가인의 제사를 받지 않으셨다는 해석은 조금 무리가 있다.

두 번째는 예배자의 태도 때문이라는 논리다.

본문을 잘 보면 이 해석이 더 타당성 있다고 느껴진다. 성경은 하나님께서 "아벨과 그의 제물"은 받으시고 "가인과 그의 제물"은 받지 않았다고 기록하고 있다. 그러니까 사람과 함께 제물을 받으신다는 뜻이다. 하나님이 받으시는 것은 제물 따로, 사람 따로가 아니었다. 누가 어떤 마음으로, 어떤 태도로 그 제물을 드리느냐가 중요하다.

그다음 구절을 보면 해석이 더 분명해진다. "여호와께서 가인에게 이르시되 네가 분하여 함은 어찌 됨이며 안색이 변함은 어찌 됨이냐. 네가 선을 행하면 어찌 낯을 들지 못하겠느냐. 선을 행하지 아니하면 죄가 문에 엎드려 있느니라. 죄가 너를 원하나 너는 죄를 다스릴지니라"(창 4:6-7). 하나님은 자신의 제사가 열납되지 않아서 화내고 있는 가인에게 분하여 함은 어찌 됨이냐고 책망하시면서 평소 가인의 삶을 언급하신다. "가인 너의 평소 삶이 선하다면 어찌 낯을 들지 못하겠느냐. 평소에 네가 선하게 행동하지 아니하였기 때문이라"고 말씀하셨다.

만약 우리가 이런 상황이 되었다면 어떻게 해야 하는가? 왜 하나님께서 내 제물은 받지 않으시고 동생의 제물을 받으셨는가 생각해보고 동생을 보고 배우려 해야 한다. 가인은 교만하였기에 배우려는 마음이 없었다. 그는 누구의 말도 듣지 않았다. 그는 아벨을 보고 배우려 하기보다 열등감을 느꼈고 시기심이 생겼다. 시기심은 죄의 열매 중에 하나로 굉장히 공격적이고 파괴적인 힘을 가지고 있다. 이 시기심을 잘 다스리지 않으면 내 주변 사람을 다치게 하고, 결국 자신도 크게 다치게 된다. 비교, 시기, 질투, 분노는 우리를 망하게 하는 사탄의 도구이다.

그렇다면 가인은 왜 화가 났을까? 그것은 자신이 불공평한 취급을 받았다고 생각했기 때문이다. 분노는 부당한 대우를 받았다, 자존심이 짓밟혔다, 무시당했다, 억울하다고 느낄 때 드는 감정이다. 가인에게 있는 분노의 원인은 무엇인가? 바로 가인 자신이었다. 우리의 일상에서도 분노의 원인은 대부분 나에게 있는 경우가 잦다. 가인은 자신이 평소에 삶의 예배를 드리지 않았다는 점을 보아야 하는데 엉뚱하게 동생 아벨 때문에 화가 난다고 말한다. 이것은 자신이 원인을 제공하고 남 탓하는 것이다. 하나님은 가인에게 분노를 해결할 방법을 주신다. 하나님은 "지금 네 앞에 죄가 있으니 그 죄를 다스리라"고 말씀하신다.

"죄가 문에 엎드려 있느니라. 죄가 너를 원하나 너는 죄를 다스릴지니라"(창 4:7).

하나님은 분노로 인해 죄를 짓지 말라고 말씀하시며 가인에게 분노를 해결할 수 있다고 말씀하신다. 그러나 가인은 하나님의 말씀을 듣지 않았다. 결국 가인은 분노를 다스리지 못하고 동생 아벨을 죽이고 말았다. "가인이 그의 아우 아벨에게 말하고 그들이 들에 있을 때에 가인이 그의 아우 아벨을 쳐죽이니라"(창 4:8).

가인은 동생을 죽임으로써 인류 최초의 살인자가 되었다. 비교, 시기심, 열등감으로 생긴 화는 결국 분노로 표출되어 살인이라는 엄청난 죄악을 짓게 되었다. 그 결과 가인은 땅과 밭이 저주를 받아 농사지어도 열매를 얻지 못하고, 이곳저곳 도망 다니며 유리하는 자가 되고 말았다. "땅이 그 입을 벌려 네 손에서부터 네 아우의 피를 받았은즉 네가 땅에서 저주를 받으리니 네가 밭을 갈아도 땅이 다시는 그 효력을 네게 주지 아니할 것이요 너는 땅에서 피하며 유리하는 자가 되리라"(창 4:11-12),

나중에 가인은 '허무' 라는 뜻을 가진 땅 '놋'으로 도망가서 자기 아들 이름인 '에녹' 이라는 성을 쌓고 그 성에 숨어 살았다. 그것으로 끝난 것이 아니었다. 가인의 자손들은 모두 폭력을 일삼고 칼의 노래를 부르며 살다가 노아의 대홍수로 죽게 되었다. 분노는 자신만 망하게 할뿐만 아니라 자녀들까지 다 망하게 한다.

성경에는 형제간의 분노를 많이 기록하고 있지만 분노를 잘 극복한 사람의 기록도 많다. 형제간의 분노는 대부분 시기심으로 시작된다. 다윗은 이새의 여덟 번째 아들로 태어났다. 이새의 첫아들은 엘리압이다. 그는 키도 크고 인물도 잘 생겼다.

어느 날 사무엘 선지자가 이새의 집에 나타나서 아들들을 모으고 여기에 왕이 될 자가 있다며 기름을 붓고자 하였다. 그런데 하나님은 첫째 엘리압이 아니라 막내인 다윗에게 기름을 붓게 하셨다. 이 일로 첫째 엘리압은 다윗에게 시기심을 느끼고 무척 화가 났다.

얼마 후, 이스라엘이 블레셋과 전쟁을 치르게 되었다. 그때 거구의 장군 골리앗이 나타나자 모든 이스라엘 군사가 다 숨었다. 이때 아버지 심부름으로 전쟁터에 온 다윗에게 엘리압이 화를 냈다.

> "큰형 엘리압이 다윗이 사람들에게 하는 말을 들은지라. 그가 다윗에게 노를 발하여 이르되 네가 어찌하여 이리로 내려왔느냐. 들에 있는 양들을 누구에게 맡겼느냐. 나는 네 교만과 네 마음의 완악함을 아노니 네가 전쟁을 구경하러 왔도다"(삼상 17:28).

엘리압은 마음으로 "나는 전사다. 너는 양이나 치는 하찮은 존재야. 네가 감히 여기에 왜 왔느냐. 너는 교만하고 완악한 놈이야"라고 하며 다윗을 비난하고 있는 것이다. 엘리압은 사무엘 선지자가 동생 다윗에게 기름 부은 것에 대해 시기심을 느꼈고, 부당한 대접을 받았다고 느낀 것을 지금 다윗에게 다 쏟아 붓고 있는 것이다.

다윗은 형의 말에 분노하거나 마음이 흔들리지 않았다. 그는 형의 분노에 아랑곳하지 않고 골리앗 앞에 나갔다. 다윗은 형의 야단에 기죽거나 포기하지 않았다. 그는 물맷돌 5개를 가지고 골리앗과 싸워 골리앗을 죽였다.

당신 주변에 들리는 소리에 신경 쓰지 말고 하나님이 원하시는 옳은 일을 하라. 다윗은 나중에 자신의 큰형 엘리압을 군대 서열 3위 사령관으로 세운다. "그 우두머리는 에셀이요 둘째는 오바댜요 셋째는 엘리압이요"(대상 12:9). 이런 기록을 보면 엘리압은 다윗과 관계를 정말 좋게 하였던 것 같다. 군대 장관은 충성심이 없으면 절대 될 수 없기 때문이다.

그리고 나서 엘리압은 유다 지파의 전체 대표가 된다. "유다의 지도자는 다윗의 형 엘리후요 잇사갈의 지도자는 미가엘의 아들 오므리요"(대상 27:18). 엘리후는 엘리압을 조금 더 높인 말이다. '엘리압'이라는 말의 뜻은 '하나님은 나의 아버지이다'이고, '엘리후'는 '하나님은 나의 하나님입니다'라는 뜻이다. 엘리압은 나이가 들수록 하나님이 정말 자신의 하나님이 되었다. 엘리압은 동생이었던 다윗과 관계를 좋게 하여 큰 복을 받는 자가 되었다.

형제는 신이 주신 우정이다. 형제들과 관계를 좋게 하지 못하는 자는 하나님이 주신 복을 차버리는 어리석은 자이다. 하나님이 주신 형, 동생을 비교대상으로 삼지 말고 평생 친구로 만들라. 설사 동생이 형보다 더 뛰어나다고 해도 그 동생을 시기하지 말고 진심으로 축복해주라. 그러면 그 축복이 나에게도 흘러들어오게 된다.

시기심을 버리고 상대방을 세워주라

가인은 동생 아벨을 축복하거나 세워주지 않았다. 그는 동생을 시기의 대상으로 삼았다. 당신 주위에 당신보다 잘되는 사람이 있는가? 시기하지 말고 진심으로 축복해주라. 그리고 겸손히 배우라. "사촌이 논을 사면 배가 아프다"는 속담이 있다. 이것은 잘못된 표현이고, 고쳐야 할 내용이다. 사촌이 논을 사면 밥 한 그릇 사주어야 한다.

한국 사람은 주변에 누가 승진을 하거나 잘되면 한턱내라고 하면서 은근히 괴롭힌다. 당신은 오히려 승진한 사람에게 당신 돈으로 한턱 쏘라. 진짜 축복을 해주라. 진심은 통한다. 그러면 그 사람의 축복이 내게도 흘러들어오게 될 것이다. 내 주변 사람이 나보다 잘되었을 때 시기하고 질투하면 내가 받을 복도 못 받게 되고 오히려 내 운신의 폭이 좁아진다.

다윗이 골리앗을 죽였을 때 사울은 처음에는 좋아하였다가 사람들이 "다윗은 만만이요 사울은 천천이요" 하는 말을 듣자 그날부터 다윗을 시기하기 시작했다. 사울은 다윗을 죽이려고 쫓아다니느라 자신의 소중한 은사와 시간과 에너지를 다 낭비하다가, 결국 자신도 죽고 자기 아들 요나단도 죽고 말았다. 참 슬픈 이야기다. 만약 사울이 다윗을 시기하지 않고 진심으로 세워주었더라면 자신도 위대한 왕으로 남았을 것이고, 자기 아들 요나단도 다윗을 도와 위대한 장군이 되었을 것이다.

우리에게 정말 부족한 점은 나보다 남이 잘되는 것을 참지 못하는 추악한 마음이다. 이런 얘기를 들어보았을 것이다. "독 속에 여러 마리의 꽃게를 집어넣으면 독 바깥으로 나오지 못한다." 꽃게 한 마리는 충분히 바깥으로 기어 나올 수 있는데 여러 마리를 한꺼번에 넣으면 서로 먼저 나가려고 다른 게 뒷다리를 붙들고 늘어지기 때문에 결국 한 마리도 바깥으로 빠져나올 수 없다는 말이다.

예수님의 제자 중에도 친형제들이 있었다. 베드로와 안드레는 친형제이다. 야고보와 요한도 친형제로 알려져 있다. 이들은 서로 시기하거나 경쟁하지 않았다. 서로의 달란트를 인정하고 세워주었다. 참 아름다운 모습이다.

예수님과 세례 요한도 사촌 사이다. 세례 요한이 예수님보다 6개월 먼저 태어났다. 세례 요한이 먼저 광야에서 생활하였고 그에게는 제자들도 있었다. 세례 요한이 요단강에서 세례를 베풀 때 예수님이 오셔서 세례 요한에게 세례를 받으셨다. 그런데 세례 요한의 제자들이 예수님을 따라가버렸다. 그때 세례 요한은 예수님을 향해 시기하거나 열등감을 갖지 않았고, "그는 흥하여야 하겠고 나는 쇠하여야 하리라"(요 3:30)는 위대한 말을 하였다. 나중에 예수님은 세례 요한을 "여자가 낳은 자 중에 가장 큰 자"(마 11:11)라고 평가하셨다.

당신의 동생이 당신보다 더 유명한가? 동생이 당신보다 더 잘하는 것이 있는가? 그냥 시기하지 말고 진심으로 축하해주라. 그 사람과 당신의 은사가 다른 것일 뿐이다. 우리는 모두 하나님의 작품이다. 하나님의 작품 중에는 졸작이란 없다. 하나님의 작품은 모두 걸작품이다. 그러니 옆에 있는 사람과 비교하지 말고 자기 장점을 보고 자존감을 가지라. 우리는 남과 비교하고 경쟁하기 위해 태어나지 않았다. 나의 진짜 경쟁자는 이 세상에 단 한 사람, 나 자신뿐이다.

오늘은 어제의 나와 경쟁하고 내일은 오늘의 나와
경쟁하여 점점 더 좋은 사람으로 가꾸어가야 한다.
매일 내가 나 자신과 경쟁하여 최선을 다해 살면 된다.

미국에 어떤 유명한 목사님은 주변 큰 교회 목사님을 은근히 비교
하고 비난하며 살았는데, 그 큰 교회 목사님을 진심으로 축복하니 자
기 교회도 커지기 시작했다고 고백했다. 나보다 잘되는 자를 진심으
로 축복해주라. 하나님께서 그 큰마음을 보시고 그 큰마음에 담길 큰
은혜를 부어주실 것이다.

사도 바울은 믿음으로 구원받은 그리스도인은 반드시 남을 먼저
존경하라고 말씀하고 있다. "형제를 사랑하여 서로 우애하고 존경하
기를 서로 먼저 하며"(롬 12:10). 남을 존경하지 않는 사람은 절대로
존경받지 못한다. 내가 먼저 존경해야 한다. 그래야 내 인생이 형통하
게 된다. 주변 사람들에게 한번 말해보라. "당신은 나보다 낫습니다!"

분을 내어도 하루를 넘기지 말라

가인은 하나님께서 자신의 재물은 열납하지 않으시
고 동생 아벨의 제물만 열납하시자 시기심과 열등감으로 분노가 계속
생겨 동생을 죽였다. 그는 인류 최초로 살인죄를 범하였다. 신약성경

에베소서에서는 분을 내어도 죄를 짓지 말라고 말씀한다. "분을 내어도 죄를 짓지 말며 해가 지도록 분을 품지 말고"(엡 4:26). 이 말씀은 사람은 화를 낼 수 있다고 간접적으로 말씀하면서 가이드라인을 준다. 그 가이드라인이 죄짓지 말라는 것과 해가 지도록 분을 품지 말라는 것이다.

유대인들의 하루는 해가 지는 시간부터 다음날 해가 지는 시간까지다. 유대인의 이런 하루는 창세기에서 시작되었다. 하나님께서 6일 동안 천지를 창조하실 때 저녁이 되고 아침이 되니 하루가 지났다고 말씀하셨다. 그래서 유대인들은 저녁이 하루의 시작이었다. 해가 지도록 분을 품지 말라는 바울의 말은 하루를 넘기지 말라는 뜻이다. 이것을 우리에게 적용한다면 하루가 끝나기 전까지 모든 분노를 다 정리하여 죄가 집을 짓지 못하게 하라는 것이다. 바울은 계속 화를 내고 있으면 사탄이 집을 짓게 된다고 말한다.

"분을 내어도 죄를 짓지 말며 해가 지도록 분을 품지 말고 마귀에게 틈을 주지 말라"(엡 4:26-27).

화를 낼 수는 있다. 그러나 화를 품은 채 잠들지 말라. 화를 품고 잠을 자면 잠이 잘 오지 않게 되고 몸을 상하게 한다. 잠은 우리 몸에 활력을 준다. 잠을 연구하는 이들의 말을 들으면 사람의 몸은 잠을 자는 동안 낡은 세포는 새 세포로 대체되고, 호르몬 수치가 균형을 되찾게 되며, 조직에서 독소가 제거되고, 마음도 새로워진다고 한다. 그 외에 잠은 온몸의 활기를 되찾게 해준다. 그런데 분노로 밤잠을 못 자면 온몸이 쇠약해진다.

한 자매가 이런 말을 하였다.

"남편과 10년 동안 말다툼을 했어요."

목사님은 깜짝 놀라면서 "말다툼을 아주 오랫동안 하시는군요"라고 물었다.

그 자매는 "네, 결국 우리는 11년 전에 이혼했답니다."

그러자 목사님은 당황해서 되풀었다.

"아니, 그럼 11년 전에 이혼한 전남편과 아직도 싸우고 있다는 말입니까?"

그녀는 전남편과 이혼을 했지만 지금도 매일 밤 몇 시간씩 잠 못 이루며 전남편과 상상으로 싸운다고 말하였다. 참 안타까운 일이다. 누구 손해인가? 내 손해이다.

우리가 살다 보면 당연히 화나는 일이 있다. 사람이 살다 보면 불공평한 일을 당할 때가 많다. 그러나 화를 키우지 말고 그날그날 해결해야 한다. 우리는 화를 품고 살도록 창조되지 않았다. 분노를 마음 깊은 곳에 묻어 두면 나만 손해를 본다. 내면에 분노를 품고 살면 내 삶의 모든 것을 오염시킨다. 그러기에 분노가 생겨도 하루를 넘기지 말아야 한다. 이것을 인생의 철칙으로 삼아야 한다.

화가 나는가? 좋게 말하라. 거칠게 말하면 관계가 더 나빠진다. 제일 좋은 방법은 하나님에게 다 말하는 것이다. 내가 분을 내었다면 회개하고 마음을 예수님의 보혈로 씻고 매일 매일 마음을 깨끗하게 해야 한다. 내가 억울한 일을 당했거나 부당한 대우를 받았다면 분노하지 말고 하나님께서 합력하여 선을 이루실 것을 믿고 하나님께 맡기라. 하나님께서 다 갚아주실 것이다. 분노를 계속 품고 살아서는 안 된다.

혹시 당신은 화를 잘 내는 스타일인가? 그렇다면 고쳐야 한다. 성경은 화를 잘 내는 자를 사귀지 말라고 경고하고 있다. "노를 품는 자와 사귀지 말며 울분한 자와 동행하지 말지니 그의 행위를 본받아 네 영혼을 올무에 빠뜨릴까 두려움이니라"(잠 22:24-25). 버럭 화를 잘 내는 이가 있다면 고치기 바란다. 그냥 내버려두면 버릇된다. "일의 끝이 시작보다 낫고 참는 마음이 교만한 마음보다 나으니 급한 마음으로 노를 발하지 말라. 노는 우매한 자들의 품에 머무름이니라"(전 7:8-9). 내가 화를 잘 낸다면 아무도 내 곁에 오지 않을 것이다. "노하기를 더디 하는 것이 사람의 슬기요"(잠 19:11). 화를 잘 내지 않는 자가 슬기로운 사람이다. "내 사랑하는 형제들아 너희가 알지니 사람마다 듣기는 속히 하고 말하기는 더디 하며 성내기도 더디 하라"(약 1:19).

급한 마음으로 화를 내지 말라는 말씀은 버럭 화내지 말라는 뜻이다. '욱'하는 성질은 모든 것을 다 망친다. 좋은 인간관계도 망치고 좋은 가족관계도 다 망친다. 여기서 잠시 팁을 하나 주고 싶다. 화가 났을 때는 중요한 결정을 하면 안 된다. 예를 들면 홧김에 회사를 그만둔다든지, 홧김에 이혼한다든지, 홧김에 물건을 던진다든지 하는 이런 돌발적인 행동을 하지 말라는 뜻이다. 그것은 나중에 돌이킬 수 없는 탄식이 된다. 화가 날 때는 화가 나는 장소를 빠져나와 산책을 하거나 조용히 음악을 듣거나 좋은 친구를 만나 대화를 나누는 것이 좋다.

분노를 계속 품고 살면 분노의 노예가 된다. 이것은 마치 폭탄을 품고 사는 사람과 같다. 분노를 품고 살면 내 인생을 사탄이 사용한다. 분노를 버리고 자유해라. 하나님께 맡기라. 하나님은 살아 계신다.

> "너희가 수치 대신에 보상을 배나 얻으며 능욕 대신에 몫으로 말미암아 즐거워할 것이라. 그리하여 그들의 땅에서 갑절이나 얻고 영원한 기쁨이 있으리라. 무릇 나 여호와는 정의를 사랑하며 불의의 강탈을 미워하여 성실히 그들에게 갚아주고 그들과 영원한 언약을 맺을 것이라"(사 61:7-8).

사업 중 상대방이 당신을 속이고 도망갔는가? 누군가 당신에 대해 헛소문을 퍼뜨리고 있는가? 정말 믿었던 친구에게서 배신을 당했는가? 이런 일을 당하면 분노가 생기고 복수하고 싶은 마음이 생기는 것은 당연하다. 그러나 내가 복수하려고 하면 내가 다치게 되어 있다. 그냥 복수는 하나님께 맡기고 자유해라.

산속에 사는 곰은 스컹크가 옆에 와서 자기 먹이를 먹어도 결코 싸우지 않는다. 왜냐하면 스컹크를 건드리면 엄청난 냄새가 몸에 밴다는 것을 알기 때문이다. 스컹크는 냄새만 지독한 것이 아니라 스컹크의 가스는 눈에 들어가면 실명할 수도 있는 독성이 있다. 산속에 사는 미련한 곰도 이런 것을 알기에 자기 먹이를 빼앗아 먹는 원수를 건드리지 않는다. 당신을 화나게 한 자에게 독을 품고 보복하려고 하지 말라. 내가 분을 품으면 그 독이 먼저 나를 파괴한다.

요셉은 부당하게 형들에게 팔려 애굽에 노예로 끌려갔지만 분노를 품고 살지 않았다. 때가 되자 하나님께서 요셉을 애굽의 총리로 높여주셨다. 만약 요셉을 복수의 분노를 품고 살았다면 그는 결코 애굽의 총리가 되지 못했을 것이다. 다윗은 자기를 그렇게 죽이려고 따라다니던 사울 왕을 향한 분노를 품고 살지 않았다. 하나님께서 좋은 때에 사울을 처리하시고 다윗을 왕으로 올려주셨다.

"원수 갚는 것이 내게 있으니 내가 갚으리라"(히 10:30). 하나님이 정말 우리의 억울함을 갚아주시는가? 금방 믿어지지 않겠지만 하나님은 틀림없이 반드시 그렇게 하신다. 하나님께서 손가락 하나만 까딱하시면 순식간에 모든 상황이 바뀌게 된다. 하나님의 은혜 한 조각이면 갑자기 모든 것이 회복된다. 원수 갚는 것을 내가 하면 내가 다치고 내 미래가 다 망가진다. 죄는 죄를 낳게 되어 있다. 사람은 누구나 억울한 일을 당하면 순간적으로 복수하고 싶어진다. 그러면 사탄이 사용하는 도구가 된다. 어떤 일을 만나든 악독과 분노를 내 마음에 품고 있으면 쓴 뿌리가 된다.

좋은 밭이 되려면 잡초의 뿌리를 다 뽑아야 한다. 어린 시절 나쁜 기억이나 청소년기에 당한 악한 일을 버리지 않고 자꾸 생각하면 우리 마음 밭에 쓴 뿌리가 깊숙이 뿌리내린다. 그냥 내버려두면 점점 뿌리를 깊이 내려 나중에는 뽑아내기 어려워진다. 말만 하면 옛날의 상처와 억울함을 말하는 것은 과거의 상처가 치유되지 않은 것이다. 옛날의 고통을 자꾸 기억하고 복수할 생각을 가지면 누가 가장 큰 손해를 보는가? 바로 자기 자신이다. 미운 사람이 있는가? 옛말에 미운 사람 떡 하나 더 준다고 했다. 그 미운 사람을 축복해주라. 미운 사람을 사랑해주라. 그것이 진짜 복수이다. 사랑이 최고의 무기다.

어떤 분이 유산문제로 형제끼리 심하게 다투어 원수처럼 되었다. 그러나 이분은 하나님의 말씀대로 원수가 된 형제를 축복하기 시작했다. 그랬더니 놀라운 일이 일어났다. 그렇게 10년이 넘도록 팔리지 않던 논밭이 순식간에 팔렸다. 하나님은 우리가 세상 사람들처럼 살지 말고 하나님 말씀대로 살기 원하신다. 나를 힘들게 하는 자에게 분노하고 화내며 복수하려고 하는 것은 인간의 본능이고 세상의 방법이다. 그러나 그 미운 사람을 축복하는 것은 하나님의 방법이다. 내 생각, 내 기분, 내 감정을 내려놓고 하나님 말씀대로 살라. 생각지 않은 큰 은혜가 임할 것이다.

하나님은 회개를 원하신다

여호와 하나님은 가인이 분노로 아벨을 죽인 이후에 가인을 찾아오셨다. 그리고 가인에게 네 아우가 어디에 있느냐고 물으셨다. "여호와께서 가인에게 이르시되 네 아우 아벨이 어디 있느냐. 그가 이르되 내가 알지 못하나이다. 내가 내 아우를 지키는 자니이까"(창 4:9). 하나님은 가인에게 회개의 기회를 주신 것이다. 하나님은 언제나 죄를 지은 사람에게 회개할 기회를 주신다.

그러나 가인은 회개하지 않고 거짓말하고, 오히려 하나님께 "내가 아우를 지키는 자니이까?" 하며 화내듯 둘러댔다. 그러자 하나님은 가인의 거짓말을 책망하셨다. "이르시되 네가 무엇을 하였느냐. 네 아우의 핏소리가 땅에서부터 내게 호소하느니라"(창 4:10). 하나님은 우리 모든 것을 보고 계신다. 하나님은 아벨의 억울한 죽음을 아신다. 하나님은 의인의 고통을 갚아주신다.

그러기에 우리는 하나님께서 회개의 기회를 주실 때 곧바로 회개하고 다시 하나님께 쓰임 받는 인생이 되어야 한다. 세상에서 가장 어리석은 사람은 죄를 짓고도 남 탓만 하며 회개하지 않는 사람이다. 사람을 죽이고도 회개하면 용서받는가? 그렇다. 예수님의 피는 모든 죄를 깨끗하게 하시는 능력이 있다. 대표적인 사람이 모세이다. 모세는 어린 시절 부모가 그를 버린 거절감으로 깊은 상처를 받은 자이다. 모세의 부모도 어쩔 수 없는 상황이었지만 어쨌든 모세가 태어난 지 석 달 정도 되었을 때 그를 갈대 상자에 넣어 나일강에 버렸다. 모세는 하나님의 은혜로 애굽 공주의 양아들이 되어 40년 동안 왕궁에서 살았다.

그는 나이 40에 자신이 애굽의 왕자가 아니라 히브리인 노예라는 것을 알았다. 그의 마음엔 알 수 없는 분노가 생겼다. 어느 날 애굽 사람이 히브리인을 학대하는 것을 보고 애굽 사람을 죽여버렸다. 이일이 탄로 나자 모세는 곧바로 애굽 왕자의 자리를 버리고 미디안 광야로 도망가버렸다. 모세는 미디안 광야에서 이드로라는 제사장을 만나 40년 동안 함께 살면서 분명 자신의 죄를 회개하였을 것이다. 이드로의 직업이 제사장이기에 그가 주로 하는 일은 사람들의 죄를 대신해서 제사드리는 것이었다. 아마 모세는 자신이 왜 이곳에 와서 숨어 사는지, 과거에 무엇을 하였는지 다 말하면서 자신의 죄를 고백하였을 것이다.

여기서 잠시 이드로를 좀 살펴보자. 이드로는 미디안 족속의 제사장이다. 미디안은 아브라함의 후처인 그두라의 아들 족속이다. 그들도 아브라함이 믿었던 하나님을 믿고 있었고 히브리인과는 형제 족속이다. 이드로가 미디안 족속의 제사장이라는 말은 그가 아브라함이 믿었던 하나님을 믿는 제사장이었다는 뜻이다. 그의 본명은 르우엘이다(출 2:18). '르우엘'의 뜻은 '하나님과 친구'이다. 그의 이름으로 미루어보아 그는 믿음이 좋은 제사장이라 여겨진다. 모세가 나중에 하나님과 친구라는 별명을 가진 것은 그의 장인과 무관하지 않다고 생각된다. 어쨌든 모세는 이드로를 만나 죄를 회개하고 새로운 인생을 살았을 것이다.

모세는 그의 나이 80세에 하나님께서 나타나셔서 그를 애굽에서 노예로 사는 이스라엘 백성들을 출애굽시키는 자로 사용하셨다. 모세는 이스라엘 백성을 데리고 40년 동안의 광야생활을 마치고 천국으로 갔다. 만약 모세가 자신의 죄를 고백하지 않았다면 이스라엘 백성을 데리고 광야생활할 때 주신 율법을 통해 피의 제사를 알았을 것이고 그 제사법을 통해서라도 자신의 죄를 고백하였을 것이다. 훗날 성경은 모세를 평가할 때 온유한 자라고 말한다. "이 사람 모세는 온유함이 지면의 모든 사람보다 더하더라"(민 12:3).

우리는 모세하면 굉장한 카리스마가 넘치는 자로 알고 있다. 맞다. 하지만 모세는 그 누구보다도 온유한 사람이었다. '온유하다'는 말은 야생마가 준마가 될 때 쓰는 말이다. 즉 힘이 있는데 주인의 말에 길들어 있다는 뜻이다. 모세는 힘과 실력이 있었지만 언제나 하나님의 말씀에 절대 순종하는 온유한 사람이었다. 모세는 분노를 품은 살인자였지만 회개하고 온유한 사람으로 살았기에 하나님은 모세를 크게 사용하셨다. 이런 말을 하면 모세는 좀 예외일 것이라고 말하는 사람이 있을까 해서 한 사람 더 소개하고자 한다.

사도 바울은 원래 바리새인으로 자기 의가 가득한 사람이었다. 그는 유대인에게는 이단인 기독교를 전하는 것을 그냥 보고 있을 수 없었다. 그는 스데반이 유대인에게 예수를 전하는 것을 보고 분노에 가득 차서 스데반을 돌로 쳐 죽이는 데 앞장선 주동자였다. 그에게 예수님이 거대한 빛으로 나타나서 "나는 네가 핍박하는 예수"라고 말씀하셨다. 바울은 그 순간 맹인이 되어 아무것도 보지 못했다. 바울은 맹인으로 지내면서 3일 동안 금식하며 회개하였다. 하나님은 바울의 회개기도를 들으시고, 아나니아를 보내셔서 눈을 뜨게 해주시고, 성령으로 충만하게 하셨다. 그 후 살인자 바울은 위대한 사도가 되어 수많은 교회를 세우고, 성경 13권을 쓰는 믿음의 사람이 되었다.

하나님은 실패한 자를 회복하게 하시는 분이다.
하나님은 우리가 회개하면 언제나 다시 쓰신다.

하나님은 우리 분노를 다 아신다. 하나님은 우리 실수를 다 아신다. 하나님은 우리 약함을 다 아신다. 당신이 분을 터트려 당신 주변의 모든 것이 엉망이 되었는가? 절망하지 말라. 회개하고 다시 시작하라. 우리는 무슨 일을 당해도 절망할 이유가 없다. 나를 회복하여 쓰길 원하시는 하나님이 계시기 때문이다.

똑같이 분노로 살인을 한 가인과 모세는 무엇이 달랐는가? 한 사람은 회개하지 않고 계속 분노 속에 살았으나 한 사람은 회개하고 온유한 자로 살았다. 결과는 완전히 달랐다. 회개는 새로운 미래를 열어준다. 회개는 가장 긍정적인 단어이다. 하나님은 오늘도 분노를 멈추고 온유한 자로 사는 자를 쓰신다. 분노를 버리라. 하나님은 분노를 품고 사는 자는 쓰지 않으신다. 분노는 다스림을 받아야 할 감정이고 멈추어야 할 감정이다. 분노는 나를 죽이고 내 주변 사람을 죽인다. 예수님은 온유한 자는 행복이 있다고 말씀하셨다.

"온유한 자는 복이 있나니 그들이 땅을 기업으로 받을 것임이요"(마 5:5).

파괴적인 감정, 분노를 버리고 행복의 감정, 온유를 선택하라. 이와 관련하여 본회퍼 목사는 이런 말을 했다. "자기가 하고 싶은 것을 하려고 하지 말고 옳은 것을 하려고 하라." 내 기분대로 화내고 분노를 표출하며 살지 말고 온유를 선택하는 말이다. 분노는 망하는 것을 선택하는 것이고 온유는 행복을 선택하는 것이다. 화가 날 때 한 번 더 분노를 선택하면 분노의 길이 넓어지고, 한 번 더 온유를 선택하면 온유의 길이 넓어진다. 매일 분노를 거절하고 온유를 선택한다면 저절로 온유한 자가 되어 있을 것이다. 온유한 자는 이 땅에 큰 영향력을 끼치는 자로 쓰임받게 된다.

큰 공장에서 기계공으로 일하던 사람이 있었다. 그는 오랫동안 회사에서 부당한 대우를 받았다. 그 회사에서 최고의 기계공이었지만 7년 동안 상여금은커녕 월급 인상조차 없었다. 원인은 바로 상사가 그를 좋아하지 않기 때문이었다. 당장 직장상사에게 분노를 터뜨리고 회사를 때려치울 수도 있었지만, 그는 늘 성실했으며 묵묵히 최선을 다하여 회사생활을 했다.

어느 날 느닷없이 사장이 그를 불렀다. 사장이 은퇴할 때가 되어서 회사를 대신 맡을 사람을 찾고 있다고 했다. 그리고 사장이 깜짝 놀랄 말을 했다.

"자네에게 회사를 맡기고 싶네."

기계공은 깜짝 놀라 황급히 말했다.

"저에게는 회사를 인수할 만한 돈이 없습니다."

"내 말을 이해하지 못하는군. 자네는 돈이 필요 없네. 나는 회사를 맡아줄 사람을 찾고 있네. 나는 이 회사를 믿을 만한 사람에게 넘겨주고 싶네. 자네가 바로 그 사람이네."

분노를 품지 말고 하나님의 선하심을 기대하며 살라. 때가 되면 하나님께서 보상해주실 것이다. 누군가 당신에 대해 나쁜 말을 하고 다니는가? 누군가 당신만 빼고 다른 모든 친구를 초대하여 식사했는가? 누군가 당신에게만 인사하지 않는 사람이 있는가? 분노하지 말고 하나님께 맡기라. 하나님께서 더 좋은 것으로 풍성히 갚아주실 것이다. 조금 갚아주시는 것이 아니다. 풍성하게 갚아주실 것이다. 부당한 대우를 받아도 매번 올바른 길로 가라. 하나님께서 최고의 복을 부어주실 것이다. 하나님은 좋으신 분이다.

회 · 복 · 축 · 제　04

두려움에서
믿음으로

회 복 축 제 04

두려움에서 믿음으로

1989년 8월호 〈타임지〉에 찰스 보텍이라는 사람의 가정에 일어난 일이 실렸다. 그는 사냥하다가 여러 번 진드기에 물렸는데 그해 TV 방송에서 줄곧 라임병에 대해 떠들썩하게 보도하자 자신도 그 병에 걸렸을지 모른다는 생각으로 두려움에 빠졌다. 라임병은 사슴에 기생하는 야생 진드기에 물렸을 때 발생하는 것으로 내버려두면 무릎에 손상을 주어 관절염이 생기고 심장에도 상처를 주는 병이다.

찰스 보텍은 자기만 이 병에 걸린 것이 아니라 자기 아내도 그 병이 전염되었다고 생각하였다. 그는 병원에 가서 검사를 받고 자신과 아내가 그 병에 걸리지 않았다는 진단을 받았지만 그 병에 대한 두려움에서 빠져나올 줄 몰랐다. 그는 집 안에 있는 모든 물건을 세탁하고 또 세탁

했지만 자기 자녀들까지도 진드기에 전염될지 모른다는 두려움 속에
살다가 결국 엽총으로 아내를 죽이고 자기도 자살하고 말았다.

작은 두려움은 점점 확대되어 우리 안에 있는 일상의 기쁨을 다
빼앗아가고, 오늘이라는 현재의 행복도 다 사라지게 만든다. 두려움
은 사탄이 사용하는 강력한 무기다. 원래 사람은 두려움 속에 살도록
창조되지 않았다. 에덴동산에 창조된 아담과 하와는 사는 것이 행복
이었다. 날마다 모든 것이 새로웠다. 날마다 풍성한 삶을 누리며 살았
다. 그들에게는 아무런 염려도 두려움도 걱정도 없었다. 창조력과 자
존감이 넘치는 삶을 살았다. 그러나 그들이 하나님의 말씀을 거역하
고, 하나님으로부터 독립을 선언하면서 선악과를 먹고 난 뒤 두려움
이 생겼다. 하나님을 떠난 인간에게 나타나는 최초의 반응은 두려움
이었다.

상담하는 사람들에게 가장 많은 상담 내용이 무엇이냐고 물으면
두려움이라고 말한다. 지금 가진 것을 잃어버릴 것에 대한 두려움, 건
강에 대한 두려움, 돈에 대한 두려움, 실패에 대한 두려움, 거부에 대
한 두려움, 직장을 잃을까 하는 두려움, 사업이 망할까 하는 두려움,
친구에게 배신을 당할까 하는 두려움 등. 현대인은 눈만 뜨면 염려,
근심, 걱정, 두려움이 파도처럼 밀려오는 삶 속에 산다. 이런 현상에
대하여 상담전문가인 앤 랜더스 박사는 "현대인들은 삶 자체를 두려
워한다"라고 말한다.

이런 말은 새로운 이야기가 아니다. 보통 세상 사람들은 두려움 속에 사는 것이 극히 당연한 일이다. 그런데 문제는 하나님을 믿는 사람 중에서도 두려움 속에 사는 성도가 많다는 점이다. 하나님을 믿는 성도는 세상 사람과는 달라야 한다. 우리를 향한 하나님의 선하신 계획을 믿고 두려움이 아닌 복의 근원으로 살아야 한다. 사탄은 우리가 원래 하나님께서 계획하신 대로 땅을 다스리는 자로, 복의 근원으로 살지 못하도록 끊임없이 두려움의 화살을 쏘고 있다. 두려움은 하나님을 경외하는 건강한 두려움도 있지만 대부분의 두려움은 사탄이 주는 것이다.

"도둑이 오는 것은 도둑질하고 죽이고 멸망시키려는 것뿐이요 내가 온 것은 양으로 생명을 얻게 하고 더 풍성히 얻게 하려는 것이라"(요 10:10). 사탄의 목적은 우리를 멸망시키고 죽이는 것이다. 반면에 예수님의 목적은 우리를 살리고 생명을 얻게 하는 것이다. 그러기에 우리에게 다가오는 대부분의 두려움은 하나님이 주신 것이 아니다.

"하나님이 우리에게 주신 것은 두려워하는 마음이 아니요 오직 능력과 사랑과 절제하는 마음이니"(딤후 1:7).

두려움은 사탄이 사용하는 강력한 무기다. 당신이 예수님을 구세주로, 주인으로 영접하였다면 하나님을 아버지라 부르고, 온 우주를 창조하고 통치하며 다스리시는 그 아버지 하나님 때문에 더는 두려워할 이유가 없다.

> "너희는 다시 무서워하는 종의 영을 받지 아니하고 양자의 영을
> 받았으므로 우리가 아빠 아버지라고 부르짖느니라"(롬 8:15).

우리는 창세기 27장에서 극심한 큰 두려움으로 급히 집을 떠나 도망가는 야곱을 볼 수 있다. 야곱은 형 에서가 받아야 하는 장자의 축복을 아버지와 형을 속이고 대신 받아서 에서로부터 살해 위협을 받았다. "그의 아버지가 야곱에게 축복한 그 축복으로 말미암아 에서가 야곱을 미워하여 심중에 이르기를 아버지를 곡할 때가 가까웠은즉 내가 내 아우 야곱을 죽이리라 하였더니"(창 27:41).

에서의 분노가 얼마나 컸던지 "야곱을 죽이고 말겠어" 하며 큰소리로 외쳤다. 이 말을 밖에서 들은 어머니 리브가가 급히 야곱을 불러 "너의 형이 너를 죽이려고 하니 빨리 삼촌 집으로 도망가라"고 하였다. 에서는 평소에 칼과 활을 잘 사용하는 사냥꾼이었다. 에서는 성격이 급하고 통제 불가능한 사람이었다. 그는 평소에도 부모의 말을 듣지 않고 자기 마음대로 이방여인과 결혼한 사람이었다. 그러기에 에서는 분명 야곱을 만나면 칼로 죽일 것이다. 에서의 성격을 너무나 잘 아는 리브가는 급히 야곱을 삼촌 집으로 보냈다. 이 모든 행동은 두려움 때문에 생긴 일이다.

"야곱이 브엘세바에서 떠나 하란으로 향하여 가더니 한 곳에 이르르는 해가 진지라 거기서 유숙하려고 그곳의 한 돌을 가져다가 베개로 삼고 거기 누워 자더니"(창 28:10-11).

야곱이 브엘세바에서 메소포타미아에 있는 하란을 향해 간다. 약 600km나 되는 거리를 멀다 하지 않고 달려가고 있다. 야곱이 하란을 향해 가다가 해가 져서 잠시 머문 곳은 벧엘이었다. 브엘세바에서 벧엘까지 거리는 약 100km 정도 된다.

야곱이 하루 만에 100km를 갔다는 것은 그가 지금 얼마나 큰 두려움에 사로잡혀 있는지 알 수 있게 한다. 그는 형이 그를 죽이려고 하는 죽음의 공포를 피해 벧엘까지 달려왔다. 두려움 중에 가장 큰 두려움이 죽음에 대한 공포이다. 당시 야곱이 도망쳤던 길은 살인적인 뙤약볕이 내리쬐는 사막길이었다. 그 길은 평지도 아니고 오르락내리락하는 험한 길이었다. 야곱은 형 에서가 말을 타고 다니는 사냥꾼이라는 것을 잘 알기에 황량한 사막길도 살기 위해 쉬지도 않고 달렸다.

야곱에게는 죽음에 대한 두려움도 있었지만 낯선 길을 가야하는 두려움도 있었다. 야곱이 지금 가고 있는 하란을 향한 길은 아직 한 번도 가보지 않았던 길이다. 그는 평생 처음 가는 길을 혼자, 누구의 안내도 없이 가는 것이다. 그가 한 번도 가보지 않은 외삼촌 집까지 무사히 안전하게 도착한다는 보장이 없다. 이스라엘의 광야길은 낮에는 뜨거운 사막 햇빛이, 밤에는 싸늘한 추위가 있고 편히 잠잘 곳도 없어 그냥 광야에서 맹수의 위험에 노출된 곳에서 자야만 한다.

야곱에게는 내일에 대한 막연한 두려움이 가득하였다. 그는 어제까지만 해도 아버지 어머니의 품 안에 있었다. 그런데 지금은 부모를 떠나 들판에서 혼자 잠을 자면서 자신의 미래에 무슨 일이 기다리고 있는지 아무런 확신이 없었다.

사람은 누구나 내일에 대한 확신이 없을 때
두려움이 생긴다.
사람이 두려움이라는 감옥에 갇히게 되면
하나님께서 준비해놓으신 축복의 선물을
풀어볼 기회조차도 갖지 못하게 된다.

내일에 대한 확신이 없는 사람은 기쁨이 없고 평안도 없으며 행복도 없다. 오직 막연한 두려움만 가득하다. 야곱은 죽음에 대한 두려움과 내일에 대한 두려움을 가득 안고 지치고 피곤한 몸으로 들판에 있는 돌을 베고 잠을 청했다.

야곱은 잠을 자다가 꿈을 꾸었다. "꿈에 본즉 사닥다리가 땅 위에 서 있는데 그 꼭대기가 하늘에 닿았고 또 본즉 하나님의 사자들이 그 위에서 오르락내리락하고"(창 28:12). 야곱이 꿈에 본 것은 땅에서 하늘에 닿는 긴 사닥다리였고 그 사닥다리에 천사가 오르락내리락하고 있었다. 꿈을 꿀 때 야곱은 사람이 밟으면 죽을 수밖에 없는 지렁

이같이 연약한 상태였다. 훗날 이사야 선지자는 야곱을 버러지 같은 야곱이라고 표현하였다. "버러지 같은 너 야곱아, 너희 이스라엘 사람들아 두려워하지 말라. 나 여호와가 말하노니 내가 너를 도울 것이라"(사 41:14).

야곱은 뭐 하나 내세울 것 없는 약하고 약한 존재였다. 그는 지금 성공을 향해 뛰어가는 것이 아니다. 형을 피해 도망자로 가는 것이다. 야곱 스스로를 생각해볼 때 잘난 것 하나 없고 세상적으로 볼 때 아무런 가치도 없는 무익한 존재였다. 형 에서는 들판에서 사냥하며 자기 스스로 살아갈 능력이 있었지만, 야곱은 자기 힘으로 아무것도 할 수 없는, 자기 앞길 하나 추스르지 못하는 나약한 존재였다. 그런 약한 야곱에게 하나님께서 찾아오셔서 3가지 약속을 해주신다.

하나님은 우리를 축복의 통로로 삼으신다

"또 본즉 여호와께서 그 위에 서서 이르시되 나는 여호와니 너의 조부 아브라함의 하나님이요 이삭의 하나님이라. 네가 누워 있는 땅을 내가 너와 네 자손에게 주리니 네 자손이 땅의 티끌같이 되어 네가 서쪽과 동쪽과 북쪽과 남쪽으로 퍼져나갈지며 땅의 모든 족속이 너와 네 자손으로 말미암아 복을 받으리라"(창 28:13-14). 야곱이 처음 이런 말씀을 들었을 때 잘못 들은 게 아닌가 하는 의구심이 생겼을 것이다. 이 음성은 야곱 생애에 처음으로 듣는 하나님의 음성이었다. 하나님은 야곱에게 말씀하신다. "네가 지금 두려움에 떨며 도망가고 있지만 나는 여전히 네 하나님이다. 나는 너를 포기하지 않는다. 나는 결코 너를 잊지 않는다. 나는 너를 복의 통로로 쓸 것이다."

지금 야곱은 두려움에 잔뜩 짓눌려 잠자고 있는데 그에게 들리는 음성은 다정한 사랑의 음성이었다. 하나님은 야곱이 아무 힘도 없고, 내세울 것 하나 없는 무능한 자라는 사실을 잘 아신다. 하나님은 야곱이 장자의 축복을 받으려 했던 그 영적인 욕심을 아신다. 하나님은 야곱이 아버지와 형을 속이고 장자의 축복기도를 받았다는 것을 아신다. 사실 야곱은 세상의 눈으로 볼 때 위선자이며 도망자이고 실패자였다.

야곱은 지금 큰 비전을 가지고 성공을 향해 가는 것이 아니다. 아버지를 속이고 형님을 속인 죄로 도망가고 있는 것이다. 하나님은 이런 야곱을 책망하거나 꾸중하시는 것이 아니라 위로의 말씀을 전해주고 계신다. 야곱이 도덕적으로 윤리적으로 아버지와 형님을 속인 것은 분명 잘못한 짓이다. 그러나 하나님은 이런 야곱을 다시 일으켜 세우신다.

사탄은 우리가 넘어지면 자학하고 포기하라고 속삭인다. 그러나 하나님은 넘어진 자에게 일어나라 말씀하시고, 우리가 상상할 수 없는 사랑으로 우리를 사랑한다고 말씀하신다. 하나님은 우리가 아무리 큰 실수를 해도 여전히 축복의 통로로 쓰겠다고 말씀하신다. 왜 하나님은 우리가 실수를 해도 우리를 사랑한다고 말씀하시는가? 우리가 하나님의 자녀이기 때문이다. 이 세상을 변화시킬 자는 하나님의 자녀인 우리 외에는 없다. 하나님은 자녀인 우리를 통해 세상을 바꾸실 것이다.

야곱은 두려움과 절망 속에서 하나님의 음성을 붙잡았다. 야곱은 지금 가진 것 하나 없고 내일에 대한 그 어떤 그림도 보이지 않았지만 캄캄한 동굴 속에서 거대한 빛을 본 것처럼 기쁨이 샘솟았다.

"땅의 모든 족속이 너와 네 자손으로 인하여 복을 받으리라"는 말씀은 불변의 진리다. 당신은 당신의 미래를 생각하면 두려움이 밀려오는가? 미래에 대한 그림이 보이지 않는가? 지금 내 세울 것이 하나도 없는가? 나 스스로 생각해보아도 한심한가? 막연한 두려움과 불안이 밀려오는가?

하나님은 당신의 모습이 아무리 초라해도
하나님의 자녀인 당신을 통해 세상을 축복하길 원하신다.
이 약속은 불변의 진리다. 우리의 미래는 두려움이 아니라
우리가 상상도 못하는 놀라운 축복으로 예비되어 있다.

하나님은 야곱이 사랑받을 만한 행동을 하였기에 사랑하시는 것이 아니다. 하나님은 속이는 자이며 도망자인 야곱을 사랑하셨다. 그이유는 아브라함의 자손이라는 야곱의 신분 때문이다. 하나님은 야곱

의 행위가 아니라 야곱의 신분 때문에 그를 축복의 통로로 삼으신 것이다. 당신은 지금 예수님을 믿는 자인가? 당신이 예수님을 믿는다는 것은 아브라함의 자손이라는 뜻이다. 하나님은 당신이 영적으로 아브라함의 자손이 되었기 때문에 당신을 축복의 통로로 삼으신다. 당신이 아무리 큰 실패를 했어도 행위에 상관없이, 하나님의 자녀라는 신분 때문에 당신을 축복의 통로를 쓰신다.

부모가 자식을 사랑하는 것은 부모의 본능이다. 마찬가지로 하나님이 당신을 사랑하시는 것은 하나님의 본능이다. 잊지 말라. 당신은 축복의 근원이다. 축복의 통로이다. 사실 지금 야곱의 모습을 보면 축복의 통로이기보다 도망자이다. 뭐 하나 내놓을 것 없는 빈털터리다. 그래도 야곱은 이 약속의 말씀을 붙잡았다. 이 말씀을 붙잡은 야곱은 결국 축복의 통로가 된다. 당신이 비록 가진 것이 없어도 내가 하나님의 자녀이기에 축복의 통로라는 자존감을 가지라. 야곱은 이 말씀에 큰 자존감을 가졌다.

항상 함께하시는 하나님을 붙잡으라

"내가 너와 함께 있어 네가 어디로 가든지 너를 지키며 너를 이끌어 이 땅으로 돌아오게 할지라. 내가 네게 허락한 것을 다 이루기까지 너를 떠나지 아니하리라 하신지라"(창 28:15). 야곱은 지금 혼자 죽음의 두려움에 떨면서 먼 길을 가고 있다. 한 번도 가보지 않은 낯선 땅을 혼자 간다는 것은 정말 무서운 일이다. 무슨 일을 만나도 의논한 대상이 없다는 것은 두려운 일이다. 그런데 하나님께서 동행해주겠다고 말씀하시니 얼마나 큰 힘이 되었겠는가? 야곱은 자신이 정든 고향을 떠나고 부모를 떠나게 된 것은 자기 잘못 때문이라며 자학하고 있는데 하나님께서 함께하겠다고 하시니 엄청난 감격이 되었다.

나는 1997년 12월, 한국에 그 당시 IMF가 터져 1달러에 1,900원 할 때 미국으로 유학을 갔다. 주변에서 다 만류하였지만 달랑 2천만 원을 가지고 갔다. 차 한 대를 사고 나니 천만 원이 사라졌다. 석 달이 지나니 나머지 천만 원마저 없어졌다. 내일에 대한 막연한 두려움이 밀려왔다. 가난한 유학생활은 생각한 것처럼 만만치 않았다. 학교에 가면 바보 멍텅구리였다. 평생 배운 영어가 하나도 들리지 않았다. 수업시간에 교수님이 숙제를 내주었는지 아닌지도 알 수가 없었다.

집에 돌아오면 가난뱅이였다. 1불 모아 천 불 된다는 말이 우리 집 구호였다. 이발 한 번 하는데 20불(그 당시 4만 원 정도)을 주어야 했다. 그래서 아내가 머리 깎는 기계를 사서 내 머리를 깎았다. 아내는 5분 만에 내 머리를 다 깎았다고 하였다. 나는 거울 앞에 서서 내 머리를 보고 깜짝 놀랐다. 그런 머리로 학교에 갔더니 친구들이 다 웃었다.

볼티모어에 있는 한 교회에서 저녁예배 설교를 해달라고 하여 린즈버그에서 볼티모어까지 4시간 거리를 차를 몰고 갔다. 그날 차를 사서 처음으로 운전했다. 길도 잘 모르는데 설교시간이 다가오자 속도를 내기 시작했다. 내 앞에 느릿느릿 가는 차 3대를 추월했는데 바로 경찰이 나타나 감옥에 가야 한다고 말했다. 나는 학교에서는 바보, 집에서는 가난뱅이, 사회에서는 범죄자, 정말 앞이 보이지 않는 캄캄한 동굴에 갇혔다. 나는 사막에 버려진 돌처럼 느껴졌다.

그러던 어느 날, 창세기를 가지고 큐티하는데 하나님의 음성이 들렸다.

"사랑하는 아들아, 내가 쓰는 사람은 다 광야길을 갔다. 내가 그들과 함께한 것처럼 너와 함께하겠다."

주체할 수 없는 눈물이 흘렀다. 칠흑같이 어두운 동굴 속에 갇힌 나에게 거대한 빛이 들어온 것이다. 빛에 어둠이 물러가듯 하나님께서 함께하신다는 말씀에 두려움이 물러갔다. 광야는 무엇을 말하는가? 광야는 외로운 장소이다. 광야는 불편한 장소이다. 광야는 질병이 있는 곳이다. 광야는 가난한 곳이다. 세상 사람들은 광야를 만나면 낙심하고 절망하지만 우리가 만나는 광야는 하나님을 만나는 장소가 된다. 그 뒤 유학생활을 하는 동안 나와 늘 동행하시는 하나님을 계속 경험했다.

당신이 지금 광야에 있는 것 같고 두렵고 외로운 길을 가는 것 같은가? 그때 최고의 동행자이신 하나님이 함께하신다는 사실을 잊지 말라. 하나님과 동행하는 자는 모든 것을 가진 자다. 그리스도인이 삶 속에서 두려워하는 이유는 능력의 하나님이 함께하심을 잊어버렸기 때문이다.

두려움과 믿음은 시소처럼 반비례한다.
두려움이 커지면 믿음이 작아진다.
믿음이 커지면 두려움이 작아진다.

당신이 지금 두려움이 커졌다는 것은 믿음이 작아졌다는 사실을 의미한다. 당신이 어디를 가든지 무엇을 하든지 하나님께서 당신과 함께하신다. 이것을 믿어야 한다. 그 믿음이 당신을 두려움에서 빠져나오게 해줄 것이다.

앞서서 보호하시는 하나님을 의지하라

"내가 너와 함께 있어 네가 어디로 가든지 너를 지키며 너를 이끌어 이 땅으로 돌아오게 할지라. 내가 네게 허락한 것을 다 이루기까지 너를 떠나지 아니하리라 하신지라"(창 28:15). 야곱은 형 에서의 활을 피해 도망치고 있었다. 야곱은 형 에서의 화살을 피할 방법이 없었다. 형과 싸울 무기도 없었다. 그런데 하나님이 보호해주신다니 얼마나 큰 안심이 되었겠는가? 네가 어디를 가든지 너를 지키겠다고 하신 하나님의 말씀이 야곱을 꽁꽁 묶고 있던 두려움의 끈을 풀어주었다. 야곱은 꿈에 나타난 하나님의 음성을 듣고 어젯밤까지만 해도 두려움에 꽁꽁 묶였던 끈을 끊어버리고 담대한 자가 되었다. "야곱이 잠이 깨어 이르되 여호와께서 과연 여기 계시거늘 내가 알지 못하였도다"(창 28:16). 야곱은 하나님이 저 멀리 계신 분이 아니라 지금 자기가 있는 그곳에 계심을 알았다.

독일의 종교개혁가인 마틴 루터는 1529년 '내 주는 강한 성이요'라는 찬송가를 작사하였다. 루터는 시편 46편에 감동하여 이 곡을 썼다. "하나님은 우리의 피난처시요 힘이시니 환난 중에 만날 큰 도움이시라. 그러므로 땅이 변하든지 산이 흔들려 바다 가운데에 빠지든지 바닷물이 솟아나고 뛰놀든지 그것이 넘침으로 산이 흔들릴지라도 우리는 두려워하지 아니하리로다"(시 46:1-3). 이 곡이 500년 가깝게 계속 수많은 사람에게 사랑받는 이유는 하나님이 우리 보호자가 되시기에 두려워할 필요가 없다는 점을 말하기 때문이다.

지금 당신이 새로운 일을 앞두고 있는가? 지금 수술을 앞두고 있는가? 결혼을 앞두고 있는가? 중요한 결정을 앞두고 있는가? 혼자 길을 떠나고 있는가? 두려워하지 말라. 하나님은 당신보다 앞서가셔서 당신의 앞날을 준비하고 계신다.

"그리하면 여호와 그가 네 앞에서 가시며 너와 함께하사 너를 떠나지 아니하시며 버리지 아니하시리니 너는 두려워하지 말라. 놀라지 말라"(신 31:8).

마음속으로 한번 복창해보라.

"하나님은 내 앞에서 가신다!"

"하나님은 나를 보호하신다!"

나는 짧은 인생을 사는 동안 언제나 나보다 먼저 앞서서 행하시는 하나님을 수없이 경험했다. 그래서 미래를 두려워하지 않는다. 세상 사람들은 내일이 두렵다고 말한다. 그들이 두려워하는 것은 어쩌면 당연한 일인지도 모른다. 하나님 없이 자기 혼자 힘으로 사는 사람은 당연히 내일이 두려울 것이다. 그러나 하나님과 함께하는 것을 믿는 성도는 내일을 두려워하기보다 오히려 기대하게 된다. 두려움을 이기는 비결은 하나님이 지금 나와 함께하심을 믿는 믿음이다. 두려움으로 살지 말고 믿음으로 살라.

어떤 사람은 나도 야곱처럼 꿈에 하나님이 나타나서 말씀하시면 두려워하지 않겠다고 한다. 우리는 그럴 필요가 없다. 이미 성경에서 우리에게 말씀해주셨다.

"그가 친히 말씀하시기를 내가 결코 너희를 버리지 아니하고 너희를 떠나지 아니하리라 하셨느니라"(히 13:5).

"내가 너희에게 분부한 모든 것을 가르쳐 지키게 하라. 볼지어다. 내가 세상 끝 날까지 너희와 항상 함께 있으리라 하시니라"(마 28:20).

누가 두려움을 이기는가? 약속의 말씀을 믿고 붙잡는 자이다. 약속의 말씀을 믿는 사람이 축복의 통로가 되는 복을 누리게 된다. 약속의 말씀을 믿는 사람이 하나님이 함께하시는 축복을 누리게 된다. 약속의 말씀을 믿는 사람이 하나님께서 보호하시는 축복을 누리게 된다. 당신은 이 축복을 다 누릴 수 있다. 하나님은 우리를 향한 선한 계획을 가지고 계신다. 그 선한 계획이 우리의 삶 속에서 이루어지려면 말씀을 붙잡는 믿음을 가지면 된다.

야곱은 두려워 떨며 잠을 잤던 장소에서 일어나 그곳을 '벧엘'이라고 이름 지었다. "야곱이 아침에 일찍이 일어나 베개로 삼았던 돌을 가져다가 기둥으로 세우고 그 위에 기름을 붓고 그곳 이름을 벧엘이라 하였더라. 이 성의 옛 이름은 루스더라"(창 28:18-19). '벧엘'은 '하나님의 집'이라는 뜻이다. 우리는 하나님의 집을 찾아 여기저기 다닐 필요가 없다. 지금 내가 서 있는 그 장소가 하나님의 집이 되면 된다. 당신이 어디에 있든지 바로 그 장소에서 하나님이 함께하심을 믿으라. 야곱은 꿈에 나타난 하나님의 음성으로 인해 두려움에 떨던 사람에서 믿음의 사람으로 확 달라졌다.

두려움은 내가 없애려고 노력한다고 없어지는 게 아니다. 어두움은 내가 퍼낸다고 없어지는 것도 아니다. 두려움은 내가 긍정의 마음을 가진다고 없어지는 것이 아니다. 빛이 들어오면 어두움이 저절로 없어지는 것처럼 두려움은 전능하신 하나님이 내 안에 들어와 계실 때 사라진다. 하나님이 내 안에 들어오는 것은 믿음을 가지면 된다.

어린아이가 혼자 길을 가면 무서워한다. 그러나 아빠와 함께 손잡고 가면 하나도 무서워하지 않는다. 마찬가지로 우리는 혼자가 아니다. 하나님이 함께하신다는 사실을 믿으면 된다. 믿음은 두려움을 없애는 해독제다. 하나님은 언제나 믿음이 있는 곳에 역사하신다. 지금 당신이 두려움 속에 있는가? 하나님께서 함께하심을 믿고 믿음을 보이라. 그래서 베스트셀러 작가인 맥스 루카도 목사는 "믿음이란 벼랑 끝에서도 노래하는 것이다"라고 믿음을 예찬했다.

다윗이 어떻게 골리앗이라는 거인을 죽였는가? 만군의 하나님이 함께하심을 믿고 행동했을 때 골리앗을 물리칠 수 있었다. 다윗은 어떻게 골리앗이라는 거인을 무서워하지 않고 그렇게 담대할 수 있었는가?

"내가 여호와를 항상 내 앞에 모심이여 그가 나의 오른쪽에 계시므로 내가 흔들리지 아니하리로다"(시 16:8).

다윗은 항상 하나님을 자기 앞에 모시고 하나님을 바라보았다. 그는 골리앗과 싸울 때 골리앗보다 더 크신 하나님을 바라보았다. 골리앗은 다윗보다 훨씬 큰 거구였지만 다윗은 골리앗보다 훨씬 더 크신 하나님을 바라보면서 노래를 불렀다. 성경에 다윗이 골리앗 앞에서 노래를 불렀다는 구절이 없지만 시편 16편 9절을 보면 알 수 있다. "이러므로 나의 마음이 기쁘고 나의 영도 즐거워하며 내 육체도 안전히 살리니."

아무리 큰 골리앗이 나타나도 하나님을 내 앞에 모시면 두려움이 사라지고 노래가 나온다. 결국 다윗이 두려움을 이긴 것은 믿음이었다. 우리가 믿음으로 하나님이 나와 함께하심을 믿고 행동하면 하나님은 우리에게 초자연적인 능력을 경험하도록 은혜를 베풀어주신다. 당신의 인생에 나타난 거대한 장애물을 두려워하지 말고, 그 장애물보다 훨씬 크신 하나님을 바라보라. 하나님은 당신 편이다. 하나님은 당신을 위해 싸우신다.

나는 감리교 창시자인 요한 웨슬리의 글을 읽고 크게 감동받은 적이 있다. "나는 평생 15분 이상 걱정이나 두려움에 사로잡혀본 적이 없다. 두려움이 엄습할 때면 으레 두 눈을 감고 여전히 보좌에서 만물을 다스리시는 하나님께 감사한다. 그러면 그분이 나의 만사를 다스리신다는 사실에서 오는 안도감이 나를 휘감는다." 요한 웨슬레는 평생 15분 이상 두려움에 사로잡힌 적이 없다고 말하는데, 나는 온종일 두려움에 잡힐 때도 있고, 며칠씩, 때로는 몇 주일을 두려움 속에 있을 때도 잦았다. 나는 이 글을 쓰면서 "하나님, 저도 평생 10분 이상 두려움에 잡히지 않게 하소서" 하고 기도드렸다.

우리는 두려움을 해결하는 방법을 알았다. 그것은 하나님이 나와 함께하심을 믿는 것이다. 성경에서 의인이란 하나님을 믿고 의지하는 자이다. 하나님과 함께 2인 1조가 된 팀은 백전백승이다. 절대불변의 진리가 있다. 그것은 "하나님은 절대로 실패하지 않으신다"는 것이다.

믿음은 눈에 보이지 않는 하나님을 보는 것이다.
믿음은 귀에 들리지 않는 하나님의 음성을 듣는 것이다.
믿음은 말도 안 되는 약속의 말씀을 붙잡는 것이다.

하나님은 믿는 자에게 역사하신다. 당신은 지금 두려움이 있는가? 하나님께서 함께하신다는 것을 믿는 믿음을 선택하라. 반드시 이길 것이다. 믿음으로 극복하지 못할 장애물이란 없다. 우리 하나님은 전능하시다. 두려움으로 최악을 생각하지 말고 믿음으로 최고를 기대하라. 인생은 둘 중의 하나다. 두려움으로 살든지, 기대하며 살든지.

당신은 하나님 때문에 매일 기대하며 사는 인생이 되라. 하나님께서 나와 함께하신다는 것을 믿고 살면 우리 능력 이상의 삶을 살게 된다. 내 한계를 뛰어넘는 삶을 살게 된다. 하나님은 두려움을 해결하는 말씀을 하신다.

"두려워하지 말라. 내가 너와 함께 함이라. 놀라지 말라. 나는
네 하나님이 됨이라. 내가 너를 굳세게 하리라. 참으로 너를

도와주리라. 참으로 나의 의로운 오른손으로 너를 붙들리라"
(사 41:10).

하나님은 우리에게 '두려워하지 말라'고 명령하고 계신다. 내가 두려워하고 있다는 것은 하나님의 명령에 불순종하고 있다는 것이다. 다시 서두에서 말한 창세기로 돌아가서 아담이 두려워하게 된 이유를 생각해보면 두려움을 해결하는 답을 알 수 있다. 아담은 하나님을 떠났을 때 두려워했다. 그렇다면 이제 당신이 하나님이 함께하시는 사실을 믿으면 두려움은 사라질 것이다. 하나님께서 나와 함께하신다는 믿음으로 기대가 넘치는 삶을 살라. 그러면 날마다 잔치하는 인생이 될 것이다. 그래서 독일의 신학자 벵겔은 말했다. "하나님만 두려워하는 사람은 하나님 아닌 것에 대해서는 아무것도 두려워하지 않는다. 하나님을 두려워하지 않는 사람은 하나님 외의 모든 것을 두려워한다"라고.

질병에서
치유로

질병에서 치유로

세계적인 명화는 반드시 흑백의 조화를 이룬다. 흰색만으로는 좋은 명화가 될 수 없다. 적당하게 검은색을 사용해야 아름다운 명화가 된다. 우리 인생에는 가끔 질병이 생겨 어두운 시간을 가지게 된다. 질병을 좋아할 사람은 없지만 몸이 아프면서 나만의 명품으로 만들어진다. 기쁜 소식은 하나님이 모든 질병을 치유하길 원하신다는 것이다. 질병이 치유되는 것은 하나님의 뜻이다. 뼈가 부러지면 뼈에서 응고액이 나와서 뼈를 붙게 만들고, 살이 칼에 베이면 새살이 나와서 베인살을 붙게 만든다. 이것은 하나님께서 우리 몸에 회복의 프로그램을 깔아 놓으셨기 때문이다.

하나님은 모든 상처는 회복되도록 해놓으셨다. 하나님은 당신이 어떤 병에 걸려 있든지 질병이 치유되길 바라신다. 우리 하나님은 치유하시는 하나님이다. "나는 너희를 치료하는 여호와임이라"(출 15:26). 그렇다면 우리는 어떻게 하면 하나님의 치유의 은혜를 입을 수 있을까?

상한 갈대를 꺾지 않으시는 하나님

열왕기하 5장에 나오는 아람 군대의 장군 나아만은 겉보기에는 아주 화려하고 대단한 사람처럼 보이지만 속으로는 큰 절망으로 죽어가는 사람이었다. "아람 왕의 군대 장관 나아만은 그의 주인 앞에서 크고 존귀한 자니 이는 여호와께서 전에 그에게 아람을 구원하게 하셨음이라. 그는 큰 용사이나 나병 환자더라"(왕하 5:1). 나아만 장군은 그의 주인 앞에서 크고 존귀한 자였다. 이 당시는 왕이 삼권을 다 쥐고 있는 왕정 시대였다. 어찌 장군이 그의 주인인 왕보다 클 수 있겠는가? 나아만은 전쟁에서 언제나 승리하는 유능한 장군이었다. 그래서 모든 백성이 나아만을 좋아하고 존경하였다. 그는 왕보다 더 큰 실세였다.

나아만의 교만은 하늘을 찔렀다. 그의 문제는 아이러니하게도 크고 존귀한 것이다. 그는 남들이 볼 때 다 가진 자 같았다. 모든 사람이 부러워하는 높은 산봉우리였다. 그러나 그에게 남모를 큰 고통이 생겼다. 어느 날 아침에 일어나니 몸에 작은 종기가 하나 생겼다. 별것 아니라 생각하였는데 그다음 날에 10개가 되더니 그다음 날에는 온몸 전체에 다 퍼졌다.

우리가 인생에 일어나는 작은 죄악을 무시하게 되면
하찮은 죄악이 우리의 전 인생을 무너뜨릴 수 있다.

큰 댐을 파괴하는 방법은 의외로 간단하다. 댐 한가운데 작은 구멍만 내면 그 구멍으로 거센 물이 통과하면서 구멍이 점점 커져 결국 거대한 댐이 무너진다. 별것 아닌 작은 죄악이, 작은 나쁜 습관이 인생을 무너뜨린다는 것을 기억하라. 나아만 장군이 갑옷을 입고 밖에 나가면 수많은 백성이 박수갈채를 보내고 꽃다발을 던져주었지만, 정작 집으로 돌아와 갑옷을 벗고 거울 앞에 서면 죽음의 그림자가 자신의 목을 조르고 있었다. 그는 지금 절망의 계곡 앞에 서 있다.

나병은 그 당시에는 불치병으로 치유 불가능한 병이었다. 나병은 전염되기에 사람들과 격리되어 동네를 떠나 동굴에서 숨어 살아야 한다. 나아만은 이제 더는 사랑하는 딸이나 아내를 가까이할 수가 없다. 그의 몸에서는 악취가 나고 살이 썩어들어가고 있었다. 나아만은 아람에 있는 모든 유능한 의원을 다 불렀지만 치유 불가능하다는 판정을 받았다. 어느 날 갑자기 생긴 질병이 나아만의 인생을 주저앉게 했다.

나아만의 집에 이스라엘에서 포로로 끌려온 어린 소녀가 있었다.

나아만의 집에 이 소녀가 있었다는 것은 하나님께서 나아만에게 베푸신 은혜였다. 그 어린 소녀가 나아만의 나병을 알고 이스라엘의 엘리사 선지자를 만나면 반드시 치유된다는 믿음의 말을 전하였다. "그의 여주인에게 이르되 우리 주인이 사마리아에 계신 선지자 앞에 계셨으면 좋겠나이다. 그가 그 나병을 고치리이다 하는지라"(왕하 5:3).

우리 성경에는 번역되지 않았지만 원문에는 "그가 그 나병을 고치리이다" 앞에 '아즈'라는 단어가 있다. 이 '아즈'는 '반드시'라는 뜻이다. 어린 소녀는 나아만 장군이 엘리사 선지자 앞에 가면 '반드시' 고친다고 말하였다. 이것은 어린 소녀의 큰 믿음이다. 이 소녀는 한낱 노예에 불과한 초라하고 미천한 자였다. 아람 나라는 계급사회였다. 귀족이 있고 평민이 있으며, 천민이 있고 그 밑에 노예가 있었다. 노예 중에도 가장 천한 노예가 어린 소녀였다.

나아만 장군은 주위에서 다 죽는다고 말하였지만 천하고 천한 어린 노예의 말을 듣고 희망을 품었다. 당신이 지금 질병으로 고통 중에 있는가? 모든 사람이 회복 불가능하다고 말하는가? 죽는다는 말을 듣지 말고 반드시 산다는 희망의 말을 들으라. 믿음은 들음에서 난다(롬 10:17 참조). 당신 주위에 부정적인 사람이 있다면 그를 멀리하고 믿음의 말을 하는 사람을 가까이하라. 그런데 인간은 부정적이어서 부정적인 말을 더 잘 받아들인다. 치유된다는 말은 듣지 않으면서 죽는다는 말은 얼마나 잘 듣는지 모른다.

당신이 질병을 이기는 인생을 살기 원한다면 부정적인 모든 말을 버리고 희망을 주는 말 듣는 것을 선택해야 한다. 캄캄한 동굴에 갇힌 사람이 동굴에서 나올 방법은 희미한 등불이 보이는 곳으로 나오는 것이다. 캄캄한 동굴에 갇힌 사람이 자꾸만 어두운 곳을 향해 간다면 더 어두운 곳으로 들어가 영영 나오지 못하는 것은 당연한 일이다. 하나님이 베푸시는 기적은 믿음의 말을 하는 사람에게 일어난다. 인생이 달라지길 원한다면 무엇보다 먼저 말이 달라져야 한다. 아무리 주위에서 죽는다고 말하여도 믿음을 가지고 믿음의 말을 해야 한다. 그 사람에게 회복의 은혜가 임한다.

우리 하나님은 상한 갈대를 꺾지 않으시며 꺼져가는 심지를 끄지 않으시는 분이다.

"상한 갈대를 꺾지 아니하며 꺼져가는 심지를 끄지 아니하기를 심판하여 이길 때까지 하리니"(마 12:20).

상한 갈대는 몸이나 마음이 아픈 사람을 말하고, 꺼져가는 심지는 열정이 사라진 사람을 뜻한다. 하나님은 회복의 하나님이시다. 하나님은 절망적인 상황에 있는 사람에게 빛으로 찾아오시는 분이다.

미국에 비교적 저렴한 가격으로 좋은 물건을 판매하는 제이시 페니 백화점이 있다. 미국을 비롯한 여러 나라 주요도시에 가면 쉽게 발견할 수 있는 백화점이다. 그 백화점 창업주가 제이시 페니인데, 그는 한때 파산해서 절망 중에 있었다. 설상가상으로 결핵에 걸려 요양소에 입원하게 되었다. 당장 죽을 것 같은 불길한 예감에 괴로워하였다.

그러던 어느 날, 병원 복도를 지나가다가 찬송 소리를 듣게 되었다. 소리 나는 데로 가보니 병원에 마련된 장소에서 환자들이 모여 예배드리고 있었다. 마침 "너 근심 걱정 말아라. 주 너를 지키리"라는 찬송을 부르고 있었다. 그는 찬송을 부르는 곳에 들어가 함께 찬송하였다. 그가 그들과 함께 찬송하는 가운데 지금 그를 지키시는 하나님을 느끼게 되었고, 그동안 식었던 믿음이 뜨거워졌다. 곧 마음에 평안이 임하였고, 그날로부터 몸이 회복되더니 결핵도 완치되었다. 그는 건강만 회복한 게 아니라 삶의 용기도 얻었다. 이렇게 해서 탄생한 게 바로 세계적인 제이시 페니 백화점이다.

당신이 살아나길 원하는가? 그렇다면 당신을 살리는 곳을 향해 가라. 당신을 살리는 말을 들으라. 하나님은 지금도 질병을 치유하신다. 하나님은 믿음을 가진 사람을 버리지 않으신다. 믿음의 망치는 절망의 벽을 부수어버린다.

교만을 버리고 말씀에 순종하라

나아만은 엘리사를 만나면 나병이 나을 수 있다는

말에 믿음이 생겼다. 그는 곧바로 아람 왕에게 나아가 도움을 청하였다. 나아만이 어린 여자아이의 말을 듣는 순간, 이미 그의 마음에 불치병은 다 나은 것 같았다. 아람 왕은 나아만이 국경을 넘어 이스라엘 땅에 가서 치유하고 돌아오게 해달라는 말에 속히 허락하고 공문서를 써주었다. 나아만은 수많은 금은보화를 가지고 이스라엘로 떠났다.

"아람 왕이 이르되 갈지어다. 이제 내가 이스라엘 왕에게 글을 보내리라 하더라. 나아만이 곧 떠날새 은 십 달란트와 금 육천 개와 의복 열 벌을 가지고 가서"(왕하 5:5). 은 10달란트는 약 300kg이고, 금 6천 개는 68kg이다. 엄청난 양이다. 나아만은 자신의 병을 낫게 하려면 이 정도의 돈은 필요할 것이라고 생각하였다. 나아만은 엘리사를 만나면 병이 낫는다는 믿음은 가졌지만 치유는 값없이 주시는 하나님의 은혜라는 것을 몰랐다. 나아만은 아람의 수도 다메섹에서 예루살렘 성까지 직선거리로 약 240km나 되는 거리를 병이 나을 것이라는 믿음을 가지고 가서 이스라엘 왕을 만났다.

나아만이 아람 왕이 쓴 공문서를 이스라엘 왕에게 보이며 자신의 문둥병을 고쳐달라고 하였다. 이스라엘 왕은 "내가 어찌 이 병을 고치겠느냐" 하며 "이는 필시 아람 왕이 이스라엘을 공격하기 위한 시비를 거는 것이라"고 생각하여 옷을 찢고 분노하였다. 왕이 옷을 찢었다는 소식을 들은 엘리사는 왕에게 사람을 보내어 그 나아만 장군을 자신에게 보내라고 하였다. 나아만 장군은 다시 왕궁에서 나와 엘리사가 있는 곳으로 갔다.

그때의 상황을 열왕기하 5장 9~10절에서 이렇게 기록하고 있다. "나아만이 이에 말들과 병거들을 거느리고 이르러 엘리사의 집 문에 서니 엘리사가 사자를 그에게 보내 이르되 너는 가서 요단 강에 몸을 일곱 번 씻으라. 네 살이 회복되어 깨끗하리라 하는지라." 지금 나아만은 혼자 가는 것이 아니었다. 말과 병거를 거느리고 갔다. 그는 대단한 아람 왕의 장군으로 갔다. 큰 전쟁을 치를 듯한 위협적인 모습으로 엘리사의 집 문 앞에 갔다. 그런데 엘리사는 나오지도 않고 엘리사의 종이 나와 나아만 장군에게 "요단강에 가서 몸을 일곱 번 씻으라"고 말했다.

보통 사람 같으면 요단강에 가서 7번 씻으면 병이 치유된다고 하면 그냥 순종하였을 것이다. 그러나 나아만은 교만한 자였기에 하나님의 선지자가 하는 말이 들리지 않았다. 나아만의 가장 큰 문제는 교만이었다. 처음부터 성경은 그가 '크고 존귀한' 것이 문제라고 말하고 있다. 그는 엘리사에게 가기만 하면 엘리사가 자기에게 굽신거리며 자기 병을 위해 안수해주고 낫게 해줄 줄 알았다. 나아만은 당장 큰소리치며 자신의 문제를 드러낸다.

"나아만이 노하여 물러가며 이르되 내 생각에는 그가 내게로 나와 서서 그의 하나님 여호와의 이름을 부르고 그의 손을 그 부위 위에 흔들어 나병을 고칠까 하였도다. 다메섹 강 아바나와 바르발은 이스라엘 모든 강물보다 낫지 아니하냐. 내가 거기서 몸을 씻으면 깨끗하게 되지 아니하랴 하고 몸을 돌려 분노하여 떠나니"(왕하 5:11-12).

나아만은 요단강 물에 들어가라는 말에 분노하며 "내 생각에는"이라며 자기 생각을 앞세웠다. 나아만의 문제는 무엇인가? 그는 엘리사를 만나면 병이 낫는다는 믿음은 가졌지만 여전히 자기 생각이 가득한 교만한 자였다.

왜 하나님은 나아만에게 엘리사 선지자를 보내 만나게 하지 않으셨는가? 이것은 하나님께서 의도적으로 나아만의 교만을 꺾고 있는 것이다. 나아만의 생각에는 다메섹 땅에 있는 아바나와 바르발강 물이 훨씬 더 깨끗했다. 맞는 말이다. 아람의 위쪽에 있는 다메섹의 두 강물은 헬몬산 꼭대기에서 흘러 내려오는 상류이고 그 물이 흘러 이스라엘 강으로 흐르는 하류의 물이 요단강 물이었다. 누가 봐도 흙탕물이 가득한 하류의 요단강보다 상류에 있는 아람 땅의 강물이 더 깨끗했다.

그런데 하나님은 그에게 요단강에 가서 7번 몸을 담그라고 하셨다. 무엇을 말하는가? 하나님의 은혜를 체험하려면 내 생각, 내 교만을 버려야 한다는 뜻이다. 또 요단강 물에 들어간다는 것은 죽음을 말한다. 예수님 시대에 요단강 물에 들어가서 세례를 받았다. 세례는 내가 죽는 것이다. 마찬가지로 요단강 물에 들어가는 것은 교만을 버리고 죽으라는 뜻이다.

누가 큰 은혜를 받는가?
내가 죽는 자가 큰 은혜를 받는다.
교회에 나와도 내 생각을 앞세우는 사람은
절대로 은혜를 받지 못한다.

나아만은 치유의 방법을 가르쳐주었는데 지금 어찌 분노하고 자기 생각을 앞세우고 있는가? 이것은 자신이 대단한 장군이라는 것이다. 나아만은 이런 생각이 가득하였다. "아람 왕도 나를 크고 존귀히 여기는데 조그마한 이스라엘의 선지자가 감히 나를 환대하지도 않고 종을 보내서 요단강 물에 들어가라고 말만 하다니! 상식에 맞지도 않는 요단강물에 들어가라고 해? 내가 누구인데!" 교만은 사탄이 주는 것이다. 교만은 패망의 선봉이다. 그래서 C. S. 루이스는 "가장 핵심적인 악, 가장 궁극적인 악은 교만이다"라고 말했다. 하나님의 말씀 앞에 내 생각을 앞세워서는 안 된다. 내 생각을 앞세우면 가지고 있는 작은 믿음조차도 다 없어진다.

나아만 장군은 교만으로 눈앞에 준비되어 있는 기적을 앞두고 떠나려고 했다. 당신은 은혜받기 원하는가? 그렇다면 교만을 버리고 겸손하게 말씀에 순종해야 한다. "이르시되 너희가 너희 하나님 나 여호와의 말을 들어 순종하고 내가 보기에 의를 행하며 내 계명에 귀를 기울이며 내 모든 규례를 지키면 내가 애굽 사람에게 내린 모든 질병 중 하나도 너희에게 내리지 아니하리니 나는 너희를 치료하는 여호와임이라"(출 15:26). 하나님께 은혜를 받으려면 내 생각, 내 지위, 내 신분, 내 교만을 버리고 하나님의 말씀에 순종해야 한다. 하나님은 지금도 겸손한 자에게 은혜를 베푸신다.

"하나님은 교만한 자를 대적하시되 겸손한 자들에게는 은혜를 주시느니라"(벧전 5:5).

당신이 교회에 다닌다는 것은 믿음이 있다는 뜻이다. 교회에 다니긴 하는데 내 생각을 앞세우고 '내가 누군데' 라는 교만을 앞세우면 결코 은혜를 받지 못한다. 나아만이 엘리사 집에서 다시 아람으로 돌아가려는 순간, 그와 같이 온 종들이 "내 아버지여" 하며 나아만을 붙잡았다. "그의 종들이 나아와서 말하여 이르되 내 아버지여 선지자가 당신에게 큰일을 행하라 말하였더면 행하지 아니하였으리이까. 하물며 당신에게 이르기를 씻어 깨끗하게 하라 함이리이까 하니 나아만이 이에 내려가서 하나님의 사람의 말대로 요단 강에 일곱 번 몸을 잠그니 그의 살이 어린아이의 살같이 회복되어 깨끗하게 되었더라"(왕하 5:13-14).

다행히 나아만 장군 주위에는 나아만을 정말 사랑하는 사람들이 있었다. 그들은 나아만 장군에게 "내 아버지여" 하며 간곡히 간청하였다. "주인님, 당신은 장군으로 온 것이 아니라 환자로 왔으니 이보다 더한 일도 해야 하지 않겠습니까? 요단강에 들어가는 것은 그리

큰일이 아닙니다. 그 교만한 마음을 낮추시고 물에 들어가시지요"라고 조언하였다. 이에 나아만은 마차에서 내려 요단강 물에 들어갔다. 그는 교만의 마차에서 내려와 교만의 갑옷을 벗고 순종의 강에 들어갔다. 그는 자아를 죽였다. 은혜를 받으려면 내 생각을 죽이고 하나님의 말씀에 절대 순종해야 한다. 내 자아가 죽어야 한다.

사실 우리는 하나님 앞에 영적인 문둥병자다.
하나님 앞에 무릎을 꿇어야 한다.
"주여, 제가 병들었나이다. 저는 악취가 나는 자입니다.
제가 죽게 되었나이다. 저의 가정이 무너졌습니다.
제 힘으로 안 됩니다. 제게 은혜를 부어주소서!"

나아만 장군은 일곱 번 요단 강물에 몸을 잠기게 하였다. '7'은 완전수다. 이것은 나아만 장군의 완전한 순종을 뜻한다. 나아만은 자아가 완전히 죽고, 또 죽고 또 죽었다. 미국 건국의 아버지라 일컫는 벤저민 프랭클린은 "자기 안에 갇힌 사람은 큰일을 하지 못한다"라고 말했다. 내 생각으로 가득 찬 사람은 절대로 하나님 말씀에 순종할 수 없다. 내 생각으로 가득 찬 사람은 절대로 하나님의 은혜를 받을 수 없다.

영적 거장들의 공통점은 자기 생각을 내려놓고 단순히 순종하였다는 것이다. 아무리 교회를 다녀도 하나님의 말씀에 순종하지 않는 성도는 세상 사람과 거의 똑같다. 그 성도는 아무리 교회를 다녀도 늘 자기 생각에 갇혀 초라한 인생을 산다. 하지만 완전한 순종이 있는 곳에는 언제나 기적이 있다. 나아만 장군이 교만을 버리고 순종하자 그의 피부가 어린아이 살처럼 회복되었다. 우리 하나님은 병든 자를 회복시키는 분이시다. 지금도 하나님은 병든 우리를 회복시키길 원하신다.

오늘날 기적이 없는 이유는 내 생각을 앞세우고 말씀에 어린아이처럼 순종하지 않기 때문이다. 순종은 학력이나 실력이 필요 없다. 그냥 겸손히 말씀에 순종하면 된다. 순종할 때 홍해가 갈라졌고, 순종할 때 여리고 성이 무너졌으며, 순종할 때 요단 강물이 갈라졌다. 아담이 에덴동산에 계속 거할 수 있는 유일한 조건은 순종이었다. 지금도 마찬가지다. 순종할 때 에덴동산이 펼쳐진다. 당신의 가정이 에덴동산처럼 행복이 넘치는 곳이 되길 원하는가? 그렇다면 하나님의 말씀에 100% 순종하라. 오늘날 기적은 하늘 창고에만 쌓여 있는 것이 아니다. 내 자아가 죽고 순종의 걸음을 내딛는 순간 기적의 문이 열린다.

죽을 만큼 간절히 기도하라

히스기야 왕이 병들어 죽게 되었다. 어느 날 이사야 선지자가 찾아와서 이제 너의 인생이 끝났으니 정리하고 죽음을 준비하라고 말하였다. "그때에 히스기야가 병들어 죽게 되매 아모스의 아들 선지자 이사야가 그에게 나아와서 그에게 이르되 여호와의 말씀이 너는 집을 정리하라. 네가 죽고 살지 못하리라 하셨나이다"(왕하 20:1). 이사야의 말은 보통사람의 말이 아니었다. 이사야는 당대에 가장 위대한 선지자였다. 그가 와서 죽는다고 전해주었다.

히스기야는 그 말을 듣고 절망하거나 인생을 포기하지 않고 하나님께 매달리기 시작하였다. 당신도 주위에 대단한 권위자가 와서 당신이 죽는다고 하여도 포기하지 말고 하나님 앞에 나아가라. "히스기야가 낯을 벽으로 향하고 여호와께 기도하여 이르되 여호와여 구하오니 내가 진실과 전심으로 주 앞에 행하며 주께서 보시기에 선하게 행한 것을 기억하옵소서 하고 히스기야가 심히 통곡하더라"(왕하 20:2-3).

당신 몸이 아픈가? 당신 마음이 낙심과 절망이라는 놈에게 질질 끌려다니게 하지 말라. 주변 사람들이 하는 부정적인 말이나 나쁜 말은 듣지 말라. 「영원한 사랑의 열 가지 법칙」이라는 책에서 폴 피어살은 병원에서 투병할 때 겪은 일을 다음과 같이 기록하고 있다.

어느 날 의사는 우리 부부가 우려하던 안 좋은 소식을 가지고 왔다. 그는 병실에 들어서더니 차트를 훑어보며 "아무래도 선생님은 완치되기가 어려울 것 같습니다"라고 말했다. 내가 의사에게 얼마나 심각하냐고 물어보려고 하는데 아내가 자리에서 벌떡 일어나더니 옷걸이에서 내 옷을 빼내어 나한테 건네며 내 몸에 연결된 이런저런 튜브를 정리하면서 이렇게 말하였다.

"여보, 어서 빨리 여기서 나가요. 이 사람은 당신 건강에 아주 안 좋아요."

그러고는 제대로 몸도 가누지 못하는 나를 일으켜 세워 힘겹게 부축하며 병실 문쪽으로 걸어갔다. 갑작스러운 아내의 행동에 당황한 의사가 황급히 뒤를 쫓아오자,

아내는 뒤돌아보며 "한 발자국도 다가오지 말아요. 우리한테서 멀찍이 떨어지라고요"라고 말했다.

병실 밖으로 나가 엘리베이터가 있는 쪽으로 걸어가고 있을 때도 의사는 어떻게든 우리를 붙잡아 보려고 계속해서 쫓아왔다. 그래도 아내는 링거 걸이를 계속 밀며 나를 향해 "의사가 하는 말에 신경 쓰지 말고 앞만 보고 걸어요"라고 말했다.

아내는 나에게 이렇게 말했다.

"우리는 이제 이 병원에서 나가 당신 몸이 어떤 상태인지 정확하게 알고 계시는 하나님께 갈 거예요."

그러더니 아내는 여전히 우리를 뒤쫓아오는 의사를 향해 고개를 돌리며 "마지막으로 경고하는데 더는 우리를 따라오지 말아요"라고 말했다. 우리 둘은 한 사람이 움직이듯 한 발씩 앞으로 나갔다. 그러고는 아내 말대로 진단과 판결을 혼동하지 않으시는 하나님이 제공하는 안전과 소망 아래로 몸을 피했다. 그 후 몸이 완쾌되었다.

당신 주위에 절망을 말하는 자들이 있는가? 그들이 들려주는 말에

는 귀 기울이지 말라. 사람의 죽고 사는 것은 마음에 달렸다. "모든 지킬 만한 것 중에 더욱 네 마음을 지키라. 생명의 근원이 이에서 남이니라"(잠 4:23). 당신 앞길의 모든 것이 다 막혔는가? 하늘 문이 열려 있음을 기억하라. 우리 예수 믿는 사람들에게 길이 막히는 것은 하나님을 만나라는 사인이다. 절망적인 상황이 펼쳐졌는가? 아무리 절망적인 상황이 와도 절대로 절망하지 말라. 포기하지 말라. 당신이 살아 있다면 포기하지 말라. 모든 길이 다 막혀도 하늘 문은 열려 있다.

히스기야는 죽는다는 말에 통곡하며 하나님께 매달렸다. 하나님은 우리의 기도를 들으신다. 하나님은 우리의 눈물을 보신다. 하나님은 히스기야의 기도를 들으시고, 히스기야의 눈물을 보시고, 생명을 15년 연장시켜주셨다. "너는 돌아가서 내 백성의 주권자 히스기야에게 이르기를 왕의 조상 다윗의 하나님 여호와의 말씀이 내가 네 기도를 들었고 네 눈물을 보았노라. 내가 너를 낫게 하리니 네가 삼 일 만에 여호와의 성전에 올라가겠고 내가 네 날에 십오 년을 더할 것이며 내가 너와 이 성을 앗수르 왕의 손에서 구원하고 내가 나를 위하고 또 내 종 다윗을 위하므로 이 성을 보호하리라 하셨다 하라 하셨더라"(왕하 20:5-6).

믿음으로 하는 간절한 기도와 눈물의 기도에는 하늘 보좌를 움직이는 힘이 있다. 2013년 평창 동계 스페셜 올림픽 개막식에서 애국가를 불러 전 세계에 감동을 준 청년 박모세의 간증이다.

그는 두개골 기형이라는 중증장애를 안고 태어났다. 그는 대뇌의 90%, 소뇌의 70%를 절제하는 등 여섯 차례의 큰 수술을 받았다. 덕분에 생명은 유지할 수 있었지만 보고 듣고 말하고 걷는 것 자체가 불가능했다.

그런데 부모를 따라 교회에 다니면서 어린 모세에게 기적이 일어났다. 이전까지 엄마라는 단어도 말하지 못하던 모세가 다섯 살 때부터 주기도문을 줄줄 외우고, 일곱 살 때는 노래도 부르게 되었다. 가난한 형편에 어려움이 많았지만 그의 딱한 사정이 언론에 알려지면서 후원하는 이들이 있어 성악 레슨도 받게 되었다.

그 결과 이제는 사람들 앞에서 찬양하는 가수가 되었다. 이런 기적 뒤에는 어머니의 간절한 눈물의 기도가 있었다. 모세의 어머니는 "어찌 저에게 이런 아이를 주십니까?" 하는 불평과 원망보다 아이가 살아 있음을 하나님께 감사하고, 하나님께서 쓰시는 아이가 되게 해 달라고 눈물로 기도하였다.

간절한 기도, 눈물의 기도에는 언제나 기적이 있다. 당신에게 아무리 큰 질병이 있다고 해도 절망하지 말라. 히스기야처럼 믿음으로 기도하라. "믿음의 기도는 병든 자를 구원하리니 주께서 그를 일으키시리라. 혹시 죄를 범하였을지라도 사하심을 받으리라"(약 5:15). 여기에 '구원하리니'라는 단어는 헬라어로 '소마'인데, 이는 '구원'으로도 번역되고 '치유'로도 번역된다. 믿음의 기도는 병든 자를 치유한다. 당신의 몸이 병들었다고 절망하지 말고 하나님께 부르짖으며 기도하라. 우리 하나님께 고치지 못할 병이란 없다.

"여호와 내 하나님이여 내가 주께 부르짖으매 나를 고치셨나이다" (시 30:2). 다윗은 자신의 질병이 무엇인지 기록하지 않았지만 하나님께 부르짖으니 고치신 것을 기록하고 있다. 당신도 다윗처럼 부르짖으며 하나님께 매달리라. 쓸데없이 주변 사람들에 대해 원망하거나 불평하느라 시간을 보내지 말고, 그 시간에 하나님을 찾으라. 악한 아비라 하더라도 아들의 간청을 뿌리치지 않는데, 하물며 우리 육신의 아버지보다 백배 만배 더 좋으신 하나님께서 우리의 부르짖는 소리를 외면하시겠는가?

> "그가 네 모든 죄악을 사하시며 네 모든 병을 고치시며 네 생명을 파멸에서 속량하시고 인자와 긍휼로 관을 씌우시며 좋은 것으로 네 소원을 만족하게 하사 네 청춘을 독수리같이 새롭게 하시는도다"(시 103:3-5).

당신이 기도할 때 주문처럼 중얼거리지 말고 믿음으로 기도하라. 히스기야의 기도를 들으시는 하나님은 당신의 기도도 들으신다. 살다 보면 의사로부터 절망적인 소식을 들을 수도 있다. 하지만 그 소식에 낙심하여 당신의 미래를 어둡게 만들지 말라. 하나님은 우리를 절망하라고 이 땅에 보내시지 않았다. 하나님은 아무런 대책 없이 이 험한 세상에 우리를 보내신 것이 아니다. "나는 이제 아무것도 할 수 없다" 라고 말하지 말라. 모든 것을 그만두어도 기도는 할 수 있다. 더 이상 인생을 우울하게 살지 말라. 더 이상 인생을 무능하게 살지 말라.

우리에겐 세상 사람들이 모르는 비장의 방법이 있다. 그것은 벽을 향해 믿음의 기도를 하는 것이며, 눈물로 간절히 기도하는 것이다. 절망적인 소식에 낙심하고 절망하며 포기하는 자는 크리스천이 아니다. 교회 안에는 크리스천 무신론자가 너무 많다. 그들은 위기 앞에 간절히 기도하지 않는다. 무늬만 크리스천일 뿐이다. 그들은 눈물로 기도한 적이 없다. 당신에게 믿음이 있다면 아무리 어려운 일을 만나도 절망하지 말라. 하나님께는 무한한 능력이 있으시다. 하나님은 우리를 돕기 원하신다.

예수님께서 이 땅에 오셔서 가장 많이 일으키신 기적이 무엇인가? 바로 질병을 치유하는 것이다. 예수님 공생애의 3분의 2가 질병을 고치시는 것이었다. 예수님을 만난 모든 사람은 질병이 치유되었다. 심지어 죽은 자도 살아났다. 죽은 자를 한 번만 살리신 것이 아니다. 예수님은 오늘도 어떤 질병이든 치유하길 원하신다. 예수님은 우리의 모든 질병을 십자가에 짊어지고 가셨다.

"그가 찔림은 우리의 허물 때문이요 그가 상함은 우리의 죄악 때문이라. 그가 징계를 받으므로 우리는 평화를 누리고 그가 채찍에 맞으므로 우리는 나음을 받았도다"(사 53:5).

예수님이 "채찍에 맞음으로 우리가 나음을 얻었다"라는 이 말씀을 붙잡고 믿음으로 기도하라. 모든 병이 치유될 것이다. 예수님께서 십자가에 달리실 때 예수님 곁에 두 강도가 함께 십자가에 달렸다. 그들은 가시 면류관을 쓰지 않았다. 그들은 채찍을 맞지 않았다. 그들은 창에 옆구리를 찔리지 않았다. 예수님만 찔리고 상하고 채찍을 맞으셨다. 그 이유는 이사야서의 예언대로 우리를 낫게 하기 위함이었다. 나는 어떤 질병이든 예수님의 보혈로 치유되는 것을 믿는다. 지금 당신에게 질병이 있는가? 지금 그 질병이 다 치유되길 기도한다.

우리 교회에서 간증 집회를 했던 하귀선 사모는 초등학교 4학년 때부터 결핵을 앓아서 17년 동안 피를 토하며 살았다. 피를 많이 토해서 몸무게가 30kg밖에 되지 않았다. 마산 국립병원에 3년 동안 입원하였다. 폐 하나는 결핵으로 이미 다 없어졌고, 나머지 폐도 30%밖에 남지 않았다. 병원에서는 살 소망이 없다고 진단했다. 하사모는 병원에서 새벽기도를 시작하였다.

"하나님, 살아 계신다면 저를 만나주세요."

그렇게 새벽기도를 시작한 후, 한 달 만에 하나님의 음성이 들렸다.

"본 고로 믿느냐. 나를 보지 않고 믿는 것이 더 복되다."

그날 이후 더 이상 신세 한탄을 하지 않고 감사하며 살기 시작하자 병이 치유되기 시작하면서 폐결핵이 완전히 다 치유되었다. 의학적으로 폐가 다 망가져 한쪽 폐는 이미 없고, 나머지 한쪽 폐는 30%

밖에 없는데도 완치 판정을 받았다. 병원에서는 있을 수 없는 기적이라고 말한다. 하귀선 사모를 진단했던 의사는 "사모님이 살아 있는 그 자체가 기적"이라고 말했다. 지금은 어려운 사모들을 돕는 사모다움 대학을 세워 그들을 섬기고 있다.

아무리 큰 질병을 만나도 낙심하거나 절망하지 말라. 하나님은 당신 편이다. 하나님은 나아만의 병만 치유하시거나 히스기야의 생명만 연장해주시는 분이 아니다. 하나님은 지금도 모든 질병을 치유하는 은혜를 베풀기 원하신다. 왜 나에게 이런 병이 생겼는가? 다 이해하려고 하지 말라.

우리 인생에는 우리가 모르는 수수께끼가 가득하다.
그냥 오늘을 감사하며 행복하게 살아라.
감사가 치유를 가져다준다.

지금 눈에 보이는 현상 때문에 미래를 망치지 말라. 아무리 큰 고난이 있어도 절망하지 말라. 큰 고난은 당신을 명품으로 만들 것이다. 절대로 잊지 말라. 당신에게는 당신을 도우시는 하나님이 계신다. 당신 주변에 기적이 일어났다는 간증을 듣고 구경만 하지 말라. 당신이 기적의 주인공이 되라.

회·복·축·제 06

외로움에서
즐거움으로

회 복 축 제 06

외로움에서 즐거움으로

요즘 매스컴에 '나 홀로 산다'는 말이 자주 나온다. 혼자 밥 먹는 것을 '혼밥'이라 말하고 혼자 술 마시는 것을 '혼술'이라고 말한다. 이렇게 혼자 사는 사람들을 '혼족'이라고 말한다. 사회가 점점 발달할수록 혼자 사는 사람의 수는 많아진다. 혼자 살면 생기는 것이 외로움이다. 그러나 꼭 혼자 산다고만 생기는 것은 아니다. 많은 사람과 함께 살아도 외로움을 느낀다. 우리를 외롭게 하는 것은 주위에 있는 사람의 숫자가 아니다. 이것은 관계의 문제이다. 도시생활을 하는 현대인은 다른 사람들과 가까운 위치에서 살아가고 있지만 그 어느 때보다도 사람들과 멀리 떨어져 있다고 느낀다.

돈이 많은 사람도 외로워한다. 뛰어난 미모를 가지고 유명세를 타는 사람도 외로워한다. 마릴린 먼로는 미모의 여성으로 한 세대를 뒤흔든 여배우임에도 불구하고 극심한 외로움에 빠져 살다가 36세에 요절하고 말았다. 세상적으로 성공하여 정상에 오른 사람도 외롭기는 마찬가지다. 솔로몬은 부귀영화를 다 가졌지만 "인생은 헛되다, 공허하다"라고 말하였다. 흔히들 정상에 올라가면 더 외롭다고 말한다. 외로움은 나만 느끼는 감정이 아니라 모든 사람이 느끼는 감정이다. 그러니 너무 심각하게 생각할 필요가 없다.

성경에 나오는 위대한 인물들은 이 외로움을 경험하였고 외로움을 이겨냈다. 아브라함은 가족만 데리고 본토 친척 아비 집을 떠나 외로운 인생길을 갔다. 야곱은 형을 속이고 장자의 축복을 받았다는 이유로 형이 그를 죽이고자 할 때 혼자 삼촌 집으로 도망가서 20년을 살았다. 요셉은 17세에 혼자 몸으로 노예로 팔려 가서 살았다. 모세는 나이 40세에 자신이 히브리인 노예라는 것을 알고 사람을 죽이고 혼자 광야로 도망가서 살았다.

다윗은 골리앗을 죽였다는 이유로 사울 왕이 그를 죽이고자 해서 10년이 넘도록 집을 떠나 들로 산으로 도망 다녔다. 그는 자신이 얼마나 외로웠는지 지붕 위의 외로운 참새 같다고 시를 썼다. "나는 광야의 올빼미 같고 황폐한 곳의 부엉이같이 되었사오며 내가 밤을 새우니 지붕 위의 외로운 참새 같으니이다"(시 102:6-7).

당신은 남모를 깊은 외로움을 느끼고 있는가? 다윗 왕같이 위대하고 하나님의 마음에 합한 사람도 우리처럼 외로움을 경험하며 살았다는 것을 기억하고 힘을 얻으라.

믿음의 사람도 외로움을 느낀다

외로움의 원인에는 여러 가지가 있다. 외로움의 첫 번째 원인은 변화이다. 인생에는 수많은 변화가 일어난다. 이사할 수도 있고 직장을 옮길 수도 있으며, 은퇴할 수도 있고 사랑하는 사람이 떠날 수도 있다. 그렇지 않으면 몸에 질병이 생길 수도 있다. 변화는 우리 인생에 늘 일어나는 현상이다. 성장을 위해서도 변화가 필요하고 새로운 도전을 위해서도 변화가 필요하다. 변화 없는 인생이란 없다. 그러므로 변화에 따른 외로움은 그냥 모든 사람에게 따라오는 것으로 알고 가볍게 여겨야 한다.

외로움의 두 번째 원인은 분리이다. 가족에게서 떨어지는 것, 친구에게서 떨어지는 것, 주변 사람으로부터 따돌림당하는 것, 이런 것은 우리를 외롭게 한다. 형벌 중에 사람을 독방에 가두는 것이 가장 가혹한 벌이다. 왜냐하면 사람에게는 사람이 필요하기 때문이다. 사람은 사람을 통해 힘을 얻고 웃음을 얻으며 행복을 느낀다. 그런데 내 주변 사람들이 나를 떠나면 외로움을 느끼는 것은 당연한 일이다. 그러나 사람으로부터 분리됨으로 오는 깊은 계곡은 하나님을 만날 놀라운 기회가 되기도 한다. 분리의 깊은 외로움은 높은 봉우리를 만드는 기회이다. 예수님은 의도적으로 사람들과 분리된 한적한 곳에서 혼자 시간을 보내기도 하셨다.

외로움의 세 번째 원인은 반대와 거절이다. 주변 사람들이 나를 거절하고 반대하면 외로움을 느낀다. 이것이 소위 왕따라고 말하는 것이다. 내 주변 친구들이 나를 보면 슬금슬금 도망간다. 내 주변 사람들이 나를 두고 수군거린다. 인터넷에서 내 이름을 거론하고 악플을 단다. 다른 친구들은 모두 즐겁게 노는데 혼자만 거절당하는 그런 쓰라린 경험이 바로 외로움이다. 거절은 인간이 감당하기에 너무나 견디기 힘든 감정 중의 하나이다. 혹시 당신이 왕따를 당하고, 사랑하는 사람에게서 거절당한다고 느끼고 있는가? 너무 괴로워하지 말라. 반대와 거절이라는 것은 우리 인생에 그냥 늘 일어나는 일이다.

요셉은 형제들에게 거절당하고 애굽의 노예로 던져졌으며, 다윗은 장인에게 거절당하고 도망할 곳이 없어 다른 나라에 가서 미친 사람처럼 행동하며 살았다. 더욱이 예수님은 우리가 당하는 어떤 거절보다도 더 큰 거절과 배신을 당하셨다. 예수님은 아무 죄도 없으신데 조롱과 멸시 천대를 받으시고, 얼굴에 침을 뱉는 치욕을 당하셨으며, 사랑하는 제자들까지 예수님을 버리는 배신을 당하셨다. 예수님은 철저하게 왕따당하셨다.

그렇다면 우리 인생에 필연적으로 나타나는 외로움을 어떻게 다루어야 하는가? 외로움을 다루는 좋은 방법도 있고 아주 망치는 방법도 있다. 자신을 망치는 방법의 하나는 중독에 빠지는 일이다. 외로움을 잊기 위해 술 중독에 빠지는 사람이 있고, 인터넷 중독에 빠지는 사람도 있으며, 일 중독에 빠지는 사람도 있고, 미친 듯이 돈을 버는 데 빠지는 사람도 있다. 하지만 그것은 잠시 외로움을 잊게 해주는 역할은 하지만 육체적으로나 정서적으로 사람을 망가뜨린다. 또 어떤 사람은 아무도 만나지 않고 아무 일도 하지 않는 동굴에 들어가 숨어사는 사람도 있다. 이것은 더 큰 외로움을 느끼게 하여 사람을 망하게 한다.

그러면 우리는 외로움에 빠질 때 어떻게 해야 하는가? 삭개오라는 인물을 통해 그 답을 찾아보고자 한다. 삭개오는 깊은 외로움에 빠진 자였는데, 그것을 긍정적으로 잘 해결한 사람이다.

당신 앞에 있는 모든 시간을 기회로 만들라

"예수께서 여리고로 들어가 지나가시더라. 삭개오라 이름하는 자가 있으니 세리장이요 또한 부자라"(눅 19:1-2). 예수님은 공생애 중 1년에 한 번은 예루살렘에 올라가셔서 유월절을 지키셨다. 누가복음 19장에서 예수님은 이제 마지막 유월절을 지키기 위해 예루살렘으로 올라가시면서 갈릴리에서 여리고를 통과하신다. 이 마지막 예루살렘을 향해 가시는 길은 십자가를 지기 위해 가시는 죽음의 길이다. 여리고는 고대로부터 종려나무가 많고 수목이 우거진

오아시스 지역이다.

그렇게 좋은 도시에 참으로 외로운 사람이 있었다. 그의 이름은 삭개오이다. '삭개오'라는 말은 '청결한 사람, 의로운 사람'이라는 뜻이다. 그는 그 당시 유대인이 가장 싫어하는 세리장이었다. 당시 로마 정부는 유대인 세리들이 정부에 세금만 내면 백성들로부터 얼마의 돈을 걷든지 관여하지 않았다. 여리고는 팔레스타인 각처로 통하는 길목에 해당했기에 통관세를 받는 큰 세관이 있었다. 그 세관의 장이 바로 삭개오였다.

유대인들의 입장에서 보면 세리는 매국노이자 반역자였다. 그래서 유대인들은 세리를 절대 만나지도 않았고, 쳐다보지도 않았으며, 심지어 거지들도 세리에게는 구걸하지 않았다. 당연히 삭개오도 유대인들 사이에서 따돌림을 당하고, 그가 지나가면 뒤에서 수군거리고 손가락질하고 욕하였을 것이다. 삭개오의 이름을 보면 그는 분명 유대인이다. 그의 이름의 뜻은 '의로운 자'인데, 지금 그의 삶은 의롭기는커녕 죄인 중의 죄인으로 살고 있다.

그는 처음 세리가 되어 미친 듯이 돈을 벌었다. 더 많은 돈을 벌면 행복할 줄 알았다. 그는 이제 세리장이 되어 많은 돈을 가졌다. 그러나 그의 마음에는 깊은 공허와 외로움이 있었다. 물질이 그의 마음을 만족시켜주지 못하였다. 행복은 돈으로 살 수 있는 것이 아니었다. 사람들이 그를 징그러운 벌레 보듯 하였다. 아무리 크고 화려한 집이 있어도 행복하지 않았다. 그의 아내와 아이들은 밖을 나가지도 않았고 집에만 갇혀 살았다. 삭개오는 큰 부자였지만 그 주위에는 아무도 없었다. 여리고 성에 사는 사람들은 다 행복한 것 같은데 자신만 외로운 자였다. 시간이 흐를수록 그의 삶은 점점 더 공허하고 허무해졌다.

나 자신만의 이익을 위해 사는 이기적인 사람은 결코 만족이 없다. 내 주위에 있는 사람과의 관계가 무너지면 철저한 외로움이라는 감옥에 갇혀버린다. 비록 돈이 부족해도 주변 사람들과 좋은 관계를 유지하는 사람은 행복하다. 행복은 좋은 관계에서 생기기 때문이다. 예수님은 나중에 삭개오를 만난 이후 잃어버린 자를 찾았다고 말씀하셨다. '잃어버린 자'는 '아폴롤로스'라는 단어인데 이는 '완전히 파괴되었다'는 뜻이다. 삭개오에게는 돈을 버는 것이 삶의 목적이었는데 세리장까지 되어 많은 돈을 축적하자, 그는 삶의 목적과 의미를 잃어버려 매일 파괴된 삶을 살고 있었다.

자신의 이름과는 전혀 반대의 삶을 사는 그는 스스로 양심의 가책을 느끼고 있었다. 거기다 키가 작다는 열등감마저 가지고 살았다. 만약 삭개오가 일기를 썼다면 그의 일기장에 고독, 외로움, 열등감, 갈등, 공허, 허무, 죽음 등 이런 단어가 가득했을 것이다. 아무리 창고에 돈이 불어나도 기쁘지 않았고, 사람들의 손가락질은 심해졌으며 외로움만 더 깊어갔다. 그러던 어느 날 예수님이 자기 동네를 지나가신다는 소문을 들었다.

"그가 예수께서 어떠한 사람인가 하여 보고자 하되 키가 작고

사람이 많아 할 수 없어 앞으로 달려가서 보기 위하여 돌무화
과나무에 올라가니 이는 예수께서 그리로 지나가시게 됨이러
라"(눅 19:3-4).

여기에 삭개오가 "보고자 하되"라는 말은 미완료시제로 "계속 보
고자 애쓰고 있음"을 암시한다. 삭개오는 예수님을 만나면 자기 속
깊은 외로움을 해결받을 수 있지 않을까 하는 마음이 생겼다. 그는 지
금처럼 외롭고 공허하게 살고 싶지 않았다. 삭개오는 자신이 하던 모
든 일을 멈추고 예수님을 만나기 원했다. 삭개오는 그날을 그의 인생
에서 예수님을 만날 최고의 기회로 삼았다.

여기서 우리는 인생에 좋은 기회가 오지 않는다고 불평하며 살아
서는 안 된다. 매일, 매 순간 최고의 기회는 늘 당신 주위에 서성거리
고 있다. 그러기에 우리는 매일 매 순간을 최고의 기회로 만들어야 한
다. 누구에게나 오늘이라는 축복의 보자기는 매일 펼쳐진다. 그 오늘
을 당신이 평범한 하루로 만들 수도 있고, 인생 최고의 하루로 만들
수도 있다. "나에겐 돈이 없어서 못한다." "나에겐 건강이 없어서 못
한다." "나에겐 돕는 사람이 없어서 못 한다"는 말을 하지 말라.

베토벤은 도레미파솔라시 7개 음표로 세계적인 교향악을 만들었
고, 렘브란트는 빨주노초파남보 7개 색깔로 세계적인 명화를 만들었
다. 베토벤이 사용했던 7개 음표를 당신도 가지고 있고, 렘브란트가
사용했던 7개 색깔을 당신도 가지고 있다.

당신 앞에 있는 모든 시간을 기회로 만들라.

그것이 바로 평범한 날을 비범한 날로 만드는 비결이다.

예수님 당시 신분이 높은 어른이 뛰어다니는 일은 없었다. 그러나 삭개오는 예수님이 오신다는 소식에 뛰어갔다. 그는 예수님을 만나는 기회를 얻기 위해 뛰어갔다. 그는 예수님 곁에까지 갔지만 예수님 주위에 사람이 너무 많아 예수님을 만날 수가 없었다. 더군다나 그는 키마저 작아 예수님의 얼굴을 볼 수가 없었다. 하지만 그는 예수님을 만나고자 하는 그 갈망을 포기할 수가 없었다. 어떤 사람이든 열정이 있으면 지혜가 생기고 길도 열린다. 삭개오는 '사람이 너무 많아 안 되겠다' 하며 돌아가지 않았다. 그는 포기하지 않았다. 당신 인생에 가는 길을 막는 것이 나타난다면 한 번 더 시도해보라. 기도했는데 응답이 없는가? 한 번 더 기도해보라. 가던 길이 막혔는가? 한 번 더 다른 방법을 찾아보라.

삭개오가 한 번 더 예수님 만날 방법을 생각해보니 옆에 뽕나무가 있었다. 그는 체면도 버리고 사람들이 비웃는 것도 개의치 않고 뽕나무 위로 올라갔다. 삭개오는 평소에 사람들이 그를 무시하고 조롱하였기에 누가 보아도 화려하고 권위가 넘치는 옷을 입고 다녔다. 하지만 그는 예수님을 만나기 위해 자신을 꽁꽁 묶고 있던 위선의 끈을 풀었다. 겹겹이 입고 있던 위선의 겉옷을 벗어던졌다. 삭개오는 어린아이처럼 나무 위로 올라갔다. 나는 여리고 성에 가서 삭개오가 올라간 뽕나무를 본 적이 있다. 뽕나무의 키는 약 10m 정도 되어 보였다. 어른이 올라도 될 만큼 큰 나무였다. 삭개오는 예수님을 만나고자 하는 갈증 때문에 그 나무에 올라갔다.

"예수께서 그곳에 이르사 쳐다보시고 이르시되 삭개오야 속히 내려오라. 내가 오늘 네 집에 유하여야 하겠다 하시니 급히 내려와 즐거워하며 영접하거늘"(눅 19:5-6). 예수님은 예수님을 만나고자 하는 갈증이 있는 사람은 누구나 만나주신다. 예수님은 주변에 예수님을 구경하는 사람들에게 관심이 있는 게 아니라 예수님을 진정으로 만나길 원하는 사람에게 관심을 두신다. 예수님은 삭개오의 갈증을 아시고 뽕나무 위에 있는 삭개오의 이름을 부르셨다. "삭개오야 속히 내려오라. 내가 너의 집에 유하겠다."

성경 어디에도 예수님이 이전에 삭개오를 만나셨다는 기록은 없다. 예수님은 한 번도 만난 적이 없는 삭개오를 보자마자 그의 이름을 부르셨다. 삭개오는 지금까지 살면서 그 누구도 자기의 이름을 불러주지 않았다. 주변에 있는 모든 사람이 그를 세리장으로 불렀다. 그도 스스로 자신의 이름을 부르는 것을 싫어했다. 자신이 사기꾼으로 착취자로 돈을 뜯으며 살아가고 있는데 삭개오의 뜻인 '의로운 자'로 불린다면 양심에 고발하는 것 같아서 그 이름을 싫어했다. 그런데 예수님이 한 번도 불린 적이 없는 그의 이름을 부르실 때 천둥이 치는 것 같은 충격을 받았다. 그의 영혼에 지진이 일어났다.

어찌 예수님이 내 이름을 아시는가? 그는 순간 예수님이 모든 것을 아시는 분임을 깨달았다. 그는 예수님이 자신의 깊은 외로움을 아시는 분임을 알았다. 예수님은 우리의 이름을 아신다. 예수님은 우리의 외로움을 아신다. 예수님은 우리의 억울함을 아신다. 예수님은 나를 지으신 분이고, 지금 내 안에 계시는 분이다.

예수님을 만나면 축제가 된다

삭개오는 즉시 뽕나무에서 내려와 예수님을 자기 집에 영접하였다. 그는 집으로 가는 발걸음이 가벼웠다. 입가에서 노래가 흘러나왔다. 평생 처음 부르는 노래였다. 그가 그렇게 행복해보인 적이 없었다. 그는 큰 저택에 살았지만 지금까지 유대의 유명한 랍비나 바리새인이 한 번도 자기 집에 온 적이 없었다. 모두 죄인의 집이라며 경멸하였다. 그런데 당대 최고의 랍비이신 예수님이 자기 집에 오신다니 그 극심한 외로움이 즐거움으로 바뀌었다.

그러나 삭개오의 집에 예수님이 가신다는 말을 듣고 비난하는 자들도 있었다. "뭇 사람이 보고 수군거려 이르되 저가 죄인의 집에 유하러 들어갔도다 하더라"(눅 19:7). '뭇사람'이라는 것은 '대부분의 사람들'이라는 뜻이다. 예수님 주변에 있는 대부분의 사람들이 수군거렸다. 이들은 예수님 곁에 있는 자들이었다. '수군거린다'는 말은 '투덜거린다, 빈정거린다'라는 말이다. 원어의 뜻은 비둘기가 꾸르륵거리는 것이나 벌이 앵앵거리는 것과 같은 뜻으로 사용된다.

삭개오가 예수님 곁에 갔을 때 예수님을 만나는 데 방해가 된 자가 누구인가? 바로 예수님 곁에 있는 자들이었다. 또 예수님이 삭개오 집에 가시겠다고 할 때 수군거린 자들이 누구인가? 바로 예수님 곁에 있는 자들이었다. 불신자들이 교회 나오는 데 제일 방해가 되는 사람들이 바로 신자라는 사실을 알아야 한다. 우리는 불신자들을 환대해야 한다.

당신이 복을 받기 원하는가? 시편 1편 1절에는 이런 사람이 복이 있다고 말씀하신다. "복 있는 사람은 악인들의 꾀를 따르지 아니하며 죄인들의 길에 서지 아니하며 오만한 자들의 자리에 앉지 아니하고." 여기에 "오만한 자들의 자리에 앉지 않는다"는 말은 쉬운 성경에는 "빈정대는 사람과 함께 자리에 앉지 않는다"로 번역하였다. 혹시 내 안에 빈정거리고 투덜거리는 성품이 있다면 버려야 한다. 만약 삭개오의 집에 예수님이 가신다는 말을 들은 이들이 이렇게 말했으면 얼마나 좋았겠는가?

"야, 예수님이 또 한 명을 살리려고 삭개오의 집에 들어가셨다!"

"야, 삭개오는 오늘 복을 받았네!"

성경에서 예수님이 삭개오를 만난 사건은 삭개오의 집에 예수님이 들어가심으로 1막이 끝난다. 삭개오가 예수님을 자신의 집으로 영접하여 무슨 말씀을 들었는지 성경에는 기록하고 있지는 않다. 그러나 삭개오가 예수님을 만나 변화된 것을 기록하고 있다. "삭개오가

서서 주께 여짜오되 주여 보시옵소서. 내 소유의 절반을 가난한 자들에게 주겠사오며 만일 누구의 것을 속여 빼앗은 일이 있으면 네 갑절이나 갚겠나이다"(눅 19:8). 삭개오는 예수님을 만나 자신의 이름을 아시는 예수님 앞에 자신의 모든 과거를 털어놓았을 것이다. 그는 자신이 부정한 방법으로 장식한 호화찬란한 집도 숨김없이 다 보여드렸을 것이다.

인생의 대 전환은 정직할 때 일어난다.
인생에 위기가 닥칠 때마다 하나님 앞에 정직하라.
정직하게 죄를 털어놓으면 성령님께서 역사하셔서
그 위기를 기회로 만들어주실 것이다.

그러나 죄를 숨기고 거짓말을 하면 순간은 모면하겠지만 사탄이 집을 짓고 더 큰 죄에 빠지게 할 것이다. 삭개오는 태양 빛보다 환한 예수님이라는 빛을 마주한 순간, 자신의 어둠을 확연히 알게 되었다. 삭개오는 예수님 앞에 자신의 모든 것을 털어내어 아무에게도 말하지 않았던 깊은 것까지도 다 고백하였다. 삭개오는 예수님을 영접하는 그날 인생의 대전환점을 맞이하였다. 삭개오는 인생의 주인이 자신이 아니라 예수님이심을 알았다. 그는 예수님을 주인으로 모셨다. "주께 여짜오되 주여 보시옵소서." 삭개오는 전에는 자신이 주인이었고 돈이 주인이었는데, 이제는 예수님을 주인으로 모셨다.

삭개오가 예수님을 "주여"라고 부르며 주인으로 모시자 인격에 대혁명이 일어났다. 그는 입술로만 예수님을 "주여"라고 말하지 않았다. 그는 예수님을 주님으로 모시고 자신의 죄를 고백하자 행동에 변화가 일어났다. 말로만 회개하는 것은 회개가 아니다. 행동이 따라야 진정한 회개이다. 삭개오는 자기 소유의 절반을 내놓았다. 그리고 속여 빼앗은 것에 대해서는 4배로 갚겠다고 말했다. 삭개오는 예수님을 만나기 전에는 돈을 모으기 위해 살았다. 그는 채우기 위해 살았다. 그러나 예수님을 만난 이후에는 나누는 자가 되었다. 그는 "주는 것이 받는 것보다 복되다"는 사실을 알았다.

예수를 믿는다고 하지만 돈을 움켜쥐는 사람은 아직 예수님을 주인으로 모신 자가 아니다. 예수님을 만난 사람은 삶이 바뀐다. 입술이 바뀐다. 행동이 바뀐다. 정말 주님을 만나면 움켜쥐는 자가 아니라 나누는 사람이 된다. 삭개오가 깊은 외로움에서 벗어나 나누는 자가 되자 삭개오 주변이 잔칫집이 되었다. 그는 정말 재산의 반을 뚝 잘라 예수님 앞에 내놓았다. 예수님의 제자들도 놀랐다.

우리 주 예수님은 삭개오를 향해 놀라운 말씀을 하셨다. "예수께서 이르시되 오늘 구원이 이 집에 이르렀으니 이 사람도 아브라함의 자손임이로다. 인자가 온 것은 잃어버린 자를 찾아 구원하려 함이니라"(눅 19:9-10). 예수님은 말로만 주님이라고 하는 자에게 구원이 있다고 하지 않으셨다. 행동이 있는 자에게 구원이 있다고 말씀하셨다. 예수님에게 과거는 중요하지 않다. 과거는 회개하는 순간 다 사라진다.

삭개오가 욕심의 빗장을 풀자, 그동안 돈 때문에 떠났던 친구들이 몰려왔다. 삭개오는 평생 한 번도 맛보지 못한 나눔의 기쁨이 생겼다. 인생은 큰 집으로, 좋은 차로, 좋은 직업으로 결코 풍성해지지 않는다. 인생은 나누고 베풀 때 윤택해지고 더 풍성해진다.

"흩어 구제하여도 더욱 부하게 되는 일이 있나니 과도히 아껴도 가난하게 될 뿐이니라. 구제를 좋아하는 자는 풍족하여질 것이요 남을 윤택하게 하는 자는 자기도 윤택하여지리라"(잠 11:24-25).

그날 삭개오의 일기에는 즐거움, 기쁨, 나눔, 축제라는 단어가 가득 채워졌을 것이다. 그날 그의 이름 그대로 의로운 자, 청결한 자의 뜻을 가진 진짜 삭개오가 되었다. 그는 그 이름답게 떳떳하게 사는 자가 되었다. 깊은 외로움에 빠져 살았던 삭개오의 인생을 보면서 그가 어떻게 외로움에서 빠져나와 즐거움이 넘치는 인생을 살게 되었는지 살펴보기 원한다.

버리고 나누면 인생이 풍성해진다

당신은 외롭다고 느끼는가? 예수님을 만날 기회이

다. 기계가 고장 나면 그 기계를 만든 원제작자에게 가야 한다. 사람을 만드신 원제작자는 하나님이시다. 사람에게는 하나님만이 채울 수 있는 빈 공간이 있다. 돈이나 물질이나 그 어떤 것으로도 채워지지 않는다. 성 어거스틴은 이런 기도를 하였다. "오 하나님, 하나님은 자신을 위해 우리를 만드셨습니다. 그래서 우리 마음은 하나님 안에서 쉬기 전까지 늘 불안합니다."

맞는 말이다. 사람은 이 세상의 그 무엇을 해도 만족이 없고, 아무리 많은 것을 가져도 채워지지 않는다. 이 말은 역설적으로 사람은 하나님만으로 만족할 수 있는 존재라는 뜻이다. 인간의 원초적인 외로움은 하나님과 분리될 때 찾아온다. 그러기에 외로움에서 해방되는 길은 나를 만드신, 나를 가장 잘 아시는 하나님을 만나는 일이다.

예수님은 남들이 천시하는 자를 찾아가신다. 예수님은 남들이 손가락질하는 자를 찾아가신다. 예수님은 실패한 자를 찾아가신다. 예수님은 고독한 자를 찾아가신다. 예수님은 열등감에 사로잡힌 자를 찾아가신다. 예수님은 아무도 부르지 않았던 삭개오의 이름을 불러주셨다. 삭개오의 외로움을 아시는 주님은 지금 당신의 외로움을 아신다. 삭개오의 이름을 아시는 주님이 지금 당신의 이름을 아신다. 삭개오의 과거를 아시는 주님이 지금 당신의 과거를 아신다. 예수님은 지금도 당신의 이름을 부르고 계신다.

예수님 앞에 서라. 예수님을 주인으로 모시라. 친구가 당신을 떠나고, 심지어 부모가 당신을 떠나도 주님은 당신을 찾아오신다. 주님은 결코 당신을 떠나지 않으신다. "돈을 사랑하지 말고 있는 바를 족한 줄로 알라. 그가 친히 말씀하시기를 내가 결코 너희를 버리지 아니하고 너희를 떠나지 아니하리라 하셨느니라. 그러므로 우리가 담대히 말하되 주는 나를 돕는 이시니 내가 무서워하지 아니하겠노라. 사람이 내게 어찌하리요 하노라"(히 13:5-6).

깊은 외로움은 높은 영적 거장이 될 기회이다. 모세는 40년 광야 깊은 외로움 속에서 하나님을 만났다. 다윗은 10년이 넘는 외로움에서 하나님을 만났다. 바울은 외롭게 혼자 지내는 감옥 안에서 하나님을 만나 성경 13권을 썼다. 사도 요한은 밧모섬에 유배되어 혼자 외로운 동굴에서 하나님을 만나 요한계시록을 기록하였다. 골짜기와 같이 깊은 외로움은 하나님을 만나면 높은 산봉우리가 된다.

사람은 '나'라는 이기주의에 갇히면 점점 외로워진다. 그러나 내 것을 나누고 베풀면 잔치의 인생이 된다. 당신이 가진 은사를 나누라. 은사는 모두 남을 돕기 위해 주신 것이다. 돈 버는 은사가 있는가? 돈을 나누라. 가르치는 은사가 있는가? 무상으로 가르쳐주라. 노래하는 은사가 있는가? 찬양으로 섬기라. 산속 깊은 옹달샘은 퍼낼수록 물이 더 많이 솟아 나오듯이 은사는 사용할수록 풍성해지고 나도 즐거워진다.

줄이 하나이면 쉽게 끊어지지만 줄이 세 겹만 되어도 끊기 어렵다. "두 사람이 한 사람보다 나음은 그들이 수고함으로 좋은 상을 얻을 것임이라. 혹시 그들이 넘어지면 하나가 그 동무를 붙들어 일으키려니와 홀로 있어 넘어지고 붙들어 일으킬 자가 없는 자에게는 화가 있으리라. 또 두 사람이 함께 누우면 따뜻하거니와 한 사람이면 어찌 따뜻하랴. 한 사람이면 패하겠거니와 두 사람이면 맞설 수 있나니 세 겹 줄은 쉽게 끊어지지 아니하느니라"(전 4:9-12).

은사를 나누게 되면 외로움은 순식간에 사라지고 나도 풍성함을 누리게 된다. 좋은 친구가 없다고 말하지 말고, 내가 먼저 좋은 친구가 되어주라. 독주도 좋지만 합창은 더 아름답다. 그러기에 미국의 유대계 작가이자 교수인 엘리 위젤은 이런 말을 했다. "절망을 어떻게 극복하는지 알고 싶은가? 다른 사람을 도우라. 절망이 말끔히 사라질 것이다." 사랑은 외로움을 고치는 치료약이다. 사랑받을 때까지 기다리는 대신 사랑을 베풀면 그때 사랑은 몇 배가 되어 우리에게로 돌아온다.

한 사람의 이야기를 소개한다. 2018년 3월, 시드라는 소녀는 곧 있을 무도회에 입고 갈 드레스를 사러 상점을 돌아다녔다. 그녀가 고른 후보 중에는 보석으로 장식된 아름답고 긴 드레스가 있었다. 하지만 시드는 드레스를 구매하기 전에 해야 할 일이 있었다. 여느 소녀들이 그러듯, 시드는 드레스를 사기 전 친구들의 의견을 들어보고 싶었다. 그래서 드레스를 입고 친구들에게 보낼 사진을 몇 장 찍었다. 하지만 다소 우습게도, 그 일은 계획대로 진행되지 않았다. 시드는 친구가 아닌 완전히 다른 사람에게 사진을 보내게 된 것이었다.

느닷없이 시드의 사진을 받은 사람은 토니라는 이름의 남자였다. 테네시 주에서 여섯 아이를 키우는 아빠인 토니는 사진 속 소녀가 누구인지 알지 못했지만 그 메시지에 답장을 보내고 싶었다. 그는 자신의 딸들도 외모에 대해 걱정하고 있었으므로 그 익명의 소녀 마음도 이해할 수 있었다고 말했다. 그래서 토니는 낯선 소녀에게 이렇게 답장을 보냈다.

"이 메시지는 다른 사람에게 보내려고 했던 것 같네요. 제 아내가 집에 없어서 아내의 의견은 들을 수 없었어요."

이어 이렇게 적었다.

"하지만 제 아이들과 저는 드레스가 아가씨에게 굉장히 잘 어울린다고 생각해요! 그 드레스를 사도록 해요!"

토니는 한 단계 더 나아가, 이 메시지뿐만 아니라 사진도 한 장 보냈다. 그리고 그 사진은 온라인상에서 수많은 사람의 가슴을 녹였다.

시드는 토니의 다섯 아이가 '엄지손가락을 치켜들고 있는' 사랑스러운 사진을 한 장 받았다. 그리고 토니의 답장을 보고 감동한 시드의 친구 중 한 명이 그 일을 트위터에 올렸다.

물론 그 이야기는 온라인상에서 수많은 관심을 받았다. 짧은 시간 안에 포스트는 수천 번이나 공유되었고, '좋아요'를 받았다. 그러나 오래 지나지 않아, 토니의 아이들이 대중의 관심을 사로잡았다. 왜? 토니의 여섯 아이가 '모두' 사진에 담긴 것이 아니라는 사실이 밝혀졌기 때문이다. 그리고 그 이유가 정말 가슴 아팠다.

구체적으로 말하자면 네 살배기 카이즐러는 병원에 있었기 때문에 사진을 함께 찍지 못했다. 그는 백혈병을 앓고 있었고, 그날은 화학치료를 받고 있었던 날이었다. 그리고 암과 싸우고 있는 어린 소년에 대해 들은 사람들이 보인 반응은 정말 놀라웠다. 네티즌들은 네 살배기 카이즐러의 치료비에 보탬을 주고자 토니 가족의 친구가 개설해둔 GoFundMe 페이지가 있다는 것을 발견했다. 그리고 드레스 이야기와 네 살배기 카이즐러의 투병 소식이 널리 퍼진 후, 사람들은 너나 할 것 없이 돈을 기부했다.

토니는 쏟아지는 기부금에 놀라움을 금치 못했고, 자신의 소셜 미디어를 통해 트위터를 향한 감사인사를 전했다.

"여러분의 친절함과 관대함 덕분에 저희 GoFundMe 계정이 지난밤 목표 금액을 초과했습니다!"

GoFundMe 계정에는 3천 불 이상이 모금되었다. 카이즐러는 계속 치유를 받아 안정기에 들어섰고, 지금은 5만 3천 불이 모였다. 무심코 받은 사진 한 장에 대한 따뜻한 격려가 한 가족의 삶을 완전히 바꾸어놓았다. 그래서 누구나 말하지 않았던가! "외로움은 더 큰 외로움을 낳고 사랑은 더 큰 사랑을 낳는다"고.

회·복·축·제 07

죄책감으로부터
자유

회 복 축 제 07

죄책감으로부터 자유

사람은 내가 주인이 되어 살면 반드시 죄를 짓게 된다. 죄를 지은 인간은 죄책감에 사로잡힌다. 죄를 지으면 행복해지는 것이 아니라 가슴 저 밑에 죄책감이 자리를 잡는다. 그것 또한 하나님이 살아 계신다는 증거이기도 하다. 수많은 사람이 죄책감에 눌려 산다. 부모는 자녀가 빗나갈 때 자녀들을 향한 죄책감을 가진다. 자녀는 철이 들면 부모에 대한 죄책감을 가진다. 어떤 자매는 결혼 후 낙태에 대한 죄책감을 평생 가지고 산다. 어떤 형제는 젊은 날 음란하게 산 것에 평생 죄책감을 가지고 산다. 어떤 사람은 사업을 하면서 자신으로 인해 상대방이 망하게 된 것에 대한 죄책감을 가지고 산다. 죄책감에 빠져 사는 사람은 아무리 좋은 음식을 먹어도, 아무리 좋은 장소에 있어도 행복

하지 않다. 그저 어두운 기운이 짓누를 뿐이다.

어린 시절, 우리 동네 누나는 연애에 실패하고 집에 갇혀 살다가 어느 날 수녀가 되어 수녀원에 들어가버렸다. 나는 그 누나가 왜 집을 떠나 수녀원에 들어갔는지 알 수 없었지만, 지금 생각해보니 그 누나는 자신의 인생에 일어난 일에 대한 죄책감을 감당할 수 없었던 것이다. 그렇다면 한 번 죄를 지은 자는 회복될 수 없는가? 이 해답을 이스라엘의 가장 위대한 왕이었던 다윗을 통해 찾아보자.

다윗은 30세에 왕이 되었다. 그가 왕이 된 지 20년이 지났다. 정말 이스라엘은 태평성대를 이루었다. 다윗의 나이가 약 50세 정도 되었을 때이다. 날씨는 따뜻한 봄날이었다. 그 당시에는 주변 나라들과의 전쟁이 빈번하게 있었다. 전쟁하는 시기는 주로 추운 겨울이 지나고 봄장마가 끝난 후였다. 이스라엘 군대는 지금의 요르단의 수도인 랍바 성을 포위하고 있었다. 그런데 이상하게 다윗은 전쟁 중인데도 왕궁에서 잠이나 자고 그냥 쉬고 있었다. 그는 자신의 지난 과거로 인해 자만심에 빠져 있었다.

인생에 아무런 열정이 없이 나태함과 게으름이
가득할 때가 정말 위험한 시기이다.

이런 시기를 영적인 비만에 빠진 시기라고 한다. 영적인 비만에 빠지면 기도도 하지 않고 말씀도 보지 않는다. 예배도 늘 늦게 참석한다. 겨우 교회만 다닌다. 기도나 찬양이나 말씀에 아무런 열정이 없다.

"저녁 때에 다윗이 그의 침상에서 일어나 왕궁 옥상에서 거닐다가 그곳에서 보니 한 여인이 목욕을 하는데 심히 아름다워 보이는지라"(삼하 11:2). 다윗은 저녁때 일어나 왕궁 지붕 위를 거닐다가 한 여인이 목욕하는 모습을 보았다. 다윗은 그 여인을 보았고, 그 여인에 대해 알아보았으며, 그 여인에게 남편이 있다는 사실을 알고도 그 여인을 불러와 죄를 지었다.

죄가 아름다워 보인다는 것은 내 마음 안에 사탄이 들어왔다는 증거이다. 사탄은 이런 죄의 유혹이 인생을 비참하게 만들 것이라는 점을 결코 말해주지 않는다. 사탄은 이런 죄가 가정을 파탄으로 몰고 간다고 말하지 않는다. 사탄은 죄짓는 것은 자유라고 말한다. 하지만 죄짓는 것은 자유가 아니라 굴레이다. 음란은 자유가 아니다. 음란의 종이 된다. 술을 마시는 것은 자유가 아니다. 술의 종이 된다. 남을 욕하고 비판하는 것은 자유가 아니다. 비판의 종이 된다.

다윗의 죄는 한 번의 간음으로 끝나지 않았고, 전쟁 중인 요압 장군에게 편지를 써서 밧세바의 남편 우리아 장군을 최전방으로 보내 죽게 하라고 명하였다. "그 편지에 써서 이르기를 너희가 우리아를 맹렬한 싸움에 앞세워 두고 너희는 뒤로 물러가서 그로 맞아 죽게 하라 하였더라"(삼하 11:15). 다윗은 밧세바를 빼앗기 위해 살인죄를 지은 것이다. 다윗의 살인 계획으로 우리아 한 명만 죽은 것이 아니라 우리아 곁에 있던 많은 군인이 함께 죽었다.

"우리아의 아내는 그 남편 우리아가 죽었음을 듣고 그의 남편을 위하여 소리내어 우니라. 그 장례를 마치매 다윗이 사람을 보내 그를 왕궁으로 데려오니 그가 그의 아내가 되어 그에게 아들을 낳으니라. 다윗이 행한 그 일이 여호와 보시기에 악하였더라"(삼하 11:26-27). 다윗은 우리아를 죽게 한 뒤 우리아의 부인 밧세바를 데려와 후궁으로 삼았다. 다윗의 모든 계획이 다 성공적으로 이루어졌다. 그러나 그는 하나님 보시기에 악한 자가 되고 말았다.

다윗은 늘 하나님의 마음에 합한 자였다. 다윗은 하나님과 늘 대화하던 자였다. 다윗은 늘 하나님의 노래를 불렀던 자였다. 그랬던 그가 지금은 하나님이 보시기에 악한 자가 되었다.

어제 믿음이 좋았다고
오늘 죄를 짓지 않는다는 보장이 없다.

우리가 육체를 가지고 있는 한 죽는 날까지 언제나 늘 깨어 있어야 한다. 다윗의 인생에 나타난 최고의 위기는 골리앗이 아니라 조용한 유혹을 가져다준 밧세바였다. 그는 그때의 고통을 시편 32편과 51편에 잘 기록하였다. "내가 입을 열지 아니할 때에 종일 신음하므로 내 뼈가 쇠하였도다. 주의 손이 주야로 나를 누르시오니 내 진액이 빠져서 여름 가뭄에 마름같이 되었나이다. (셀라)"(시 32:3-4).

다윗은 자신이 우리아의 아내를 범하고, 계획적으로 우리아를 최전방에 보내 죽게 하였으며, 집단 살인한 것을 숨기고 입을 열지 않았다. 다윗은 밧세바와 죄를 지은 후 기쁨이 사라졌다. 온종일 한숨을 쉬고 뼈가 마르는 고통을 느끼고 있었다. 그는 밧세바가 자기 남편이 죽었다는 소리를 듣고 크게 소리내어 울 때 마음에 큰 죄책감이 생겼다. 그는 우리아 장군 주위에 있다가 같이 죽었던 부하들의 가족이 울 때 죄책감이 점점 더 커졌다.

그는 매일 우울과 죄책감으로 밤낮 신음하는 자가 되었다. 아무리 맛있는 음식을 먹어도 입맛이 없고 살이 빠지고 뼈가 말라가는 것 같았다. 그는 밤마다 악몽을 꾸고 무엇인가 자신을 짓누르는 것만 같았다. 겉으로는 화려한 왕의 옷을 입고 있었지만 하루하루 사는 것이 지옥과 같았다. 그는 마음에 돌덩어리를 안고 사는 것 같았고, 그의 발에는 쇠뭉치를 달고 사는 것 같았다.

시편 51편은 다윗이 밧세바를 범한 후에 쓴 시다. 그 시에는 자신이 죄를 지은 이후 마음에 깨끗함이 사라지고 영이 어둡게 되었음을 고백한다.

"하나님이여 내 속에 정한 마음을 창조하시고 내 안에 정직한 영을 새롭게 하소서. 나를 주 앞에서 쫓아내지 마시며 주의 성령을 내게서 거두지 마소서"(시 51:10-11).

다윗은 하나님의 영, 성령이 떠난 것 같은 공허함이 몰려왔다. 어떤 기도를 해도 응답이 없었고, 하나님이 자신을 버린 것 같은 두려움만 가득했다. 그날 이후 다윗의 입에서는 평소에 늘 흐르던 경쾌한 장조 음은 다 사라지고, 우울한 단조 음만 울려퍼졌다. 그는 높은 하늘에서 떨어져 암벽에 부딪히고 피를 낭자하게 흘리는 독수리 같은 모습이 되었다. 그가 한 번 밧세바를 본 것으로 시작된 죄가 간음, 위선, 살인, 집단살인으로 이어지고 말았다. 그러나 다윗은 아직 마음에 고통만 가지고 있었지 회개하지는 않았다. 이처럼 죄를 숨기고 살면 우울해지고 분노를 유발하게 된다. 그렇다면 죄책감에 눌린 사람은 어떻게 회복될 수 있을까? 과거의 죄로 인해 짓눌려 사는 사람의 삶은 어떻게 회복될 수 있을까?

하나님은 언제나 회개할 기회를 주신다

하나님은 우리의 실수를 아시고 우리의 넘어짐을 아신다. "주께서 내가 앉고 일어섬을 아시고 멀리서도 나의 생각을 밝히 아시오며"(시 139:2). "나의 모든 길과 내가 눕는 것을 살펴 보셨으므로 나의 모든 행위를 익히 아시오니"(시 139:3). "주에게서는 흑암이 숨기지 못하며 밤이 낮과 같이 비추이나니 주에게는 흑암과 빛이 같음이니이다"(시 139:12).

하나님은 나의 모든 것을 다 아실 뿐만 아니라 나의 흑암도 다 아신다. "그는 깊고 은밀한 일을 나타내시고 어두운 데에 있는 것을 아시며 또 빛이 그와 함께 있도다"(단 2:22). 하나님은 내가 행한 어두운 일을 다 아신다. 우린 이 말씀을 깊이 묵상하며 죄에 대한 경각심을 가져야 한다.

하나님은 우리 죄를 다 아시고, 우리가 죄 속에서 고통스러워하는 것도 다 아신다. 계속 되풀이되는 나쁜 습관에서 벗어나려고 발버둥치는 것도 아신다. 하나님은 우리 가정이 얼마나 지옥 같은지 다 아신다. 하나님은 우리의 우울과 절망을 다 아신다. 하나님은 우리의 문제를 자세히 알뿐만 아니라 그 문제를 해결해주길 원하신다. 하나님은 우리가 죄에 빠질 때 더 큰 죄에 빠지도록 기다렸다가 큰 징계를 내리길 원하시는 분이 아니다.

하나님은 다윗의 인생을 그냥 죄책감에 눌려 살도록 내버려두지 않으셨다. "여호와께서 나단을 다윗에게 보내시니 그가 다윗에게 가서 그에게 이르되 한 성읍에 두 사람이 있는데 한 사람은 부하고 한 사람은 가난하니"(삼하 12:1). 하나님께서 나단 선지자를 다윗에게 보내셨다. 하나님이 다윗에게 나단 선지자를 보내신 것은 다윗을 회복시키길 원하시는 하나님의 마음을 드러내는 것이다.

나단 선지자가 다윗에게 찾아간 시기는 다윗이 밧세바를 통해 아기를 낳은 후였다(삼하 11:27). 그것은 다윗이 밧세바와 동침한 후 1년이 넘었음을 뜻한다. 하나님은 다윗이 회개하길 오랫동안 기다리셨다. 그러나 다윗은 1년이 넘도록 죄를 회개하지 않았다. 하나님은 다윗을 사랑하셨기에 다윗에게 나단을 보내셨다. 하나님은 언제나 회개할 기회를 주신다. 하나님은 그 누구도 포기하지 않으신다.

나단은 다윗에게 나타나서 아주 유명한 비유를 말하였다. "왕이시여 한 동네에 부자와 가난한 사람이 살았습니다. 부잣집에는 양과 염소가 가득하였습니다. 하지만 가난한 사람은 그 부잣집 옆에 오두막집을 짓고 살았으며 그 집에는 어린 암양 한 마리밖에 없었습니다. 그런데 어느 날 부잣집에 손님이 왔는데 글쎄, 부자는 가난한 사람 집에 가서 마치 딸처럼 끼우는 그 암양을 잡아다가 자기 손님을 대접하였습니다." 다윗 왕은 나단의 얘기를 듣고 그 부자는 마땅히 죽어야 할 자라고 하였다. 그때 나단이 이렇게 말했다. "나단이 다윗에게 이르되 당신이 그 사람이라"(삼하 12:7).

우리는 우리 죄를 정직하게 바라보아야 한다. 우리도 나단 선지자처럼 우리 죄를 정직하게 지적해주는 사람이 필요하다. 당신에게는 당신의 죄를 정직하게 지적해주는 사람이 있는가? 죄를 지적해주는 사람은 나를 정말 사랑하는 사람이어야 한다. 그래서 죄를 지적해주는 것은 부모나 부부가 하면 좋다. 어떤 부부는 평생 정직한 말을 한마디도 못 했다고 한다. 참 불행한 부부이다. 우리는 신이 아니다. 우리는 실수도 하고 넘어지기도 한다. 누군가가 나의 죄를 지적하면 낮아져서 겸손히 그의 말을 들어야 한다. 그렇게 상대방의 말을 들을 수 있는 귀가 있는 사람에게는 회복의 은혜가 임할 것이다.

다윗은 한 나라의 유명한 왕이었다. 그는 모든 백성에게 20년 동안 존경받은 왕이었다. 그러므로 자신이 죄인이라는 것을 여러 사람들 앞에서 말하기는 참으로 어려운 일이었다. 그런데 다윗은 그 나단의 지적에 이렇게 말하였다. "다윗이 나단에게 이르되 내가 여호와께 죄를 범하였노라"(삼하 12:13). 그는 자기 죄가 많은 사람 앞에서 드러날 때 우리아는 요압 장군이 죽인 것이라고 변명하지 않았다. 그는 우리아가 죽었기 때문에 밧세바를 후처로 데려왔다며 자기 죄를 합리화하지 않았다. 그는 정직하게 자기 죄를 공개적으로 인정하였다.

당신은 회복되길 원하는가? 그렇다면 진실을 부인하지 말아야 한다. 진실을 부인하는 한 회복의 길로 갈 수 없다. 남 탓하지 말라. 가면을 쓰지 말라. 변명하지 말라. 합리화하지 말라. 적당히 둘러대지 말라. 다윗은 화려한 왕의 옷을 벗어던지고 참으로 낮은 자의 모습으로 "내가 범죄하였나이다"라고 고백하였다. 다윗은 나단의 지적으로 인하여 살아 계신 하나님 앞에 정직하게 서게 되었다.

내가 지은 죄를 정직하게 인정하라

감옥에 갇힌 죄수들 대부분은 자신의 죄를 결코 말하지 않는다. 그들은 타인의 죄를 보는 데는 아주 예민하지만 자신의 죄를 보는 데는 너무나 둔감하다. 우린 나의 죄를 보아야 한다. 다른 사람의 티끌을 보지 말고, 내 안의 죄를 들여다보아야 한다. 내가 회개하지 않은 죄가 있나 살펴보아야 한다. 내게 숨겨 놓은 죄가 있나 뚜렷이 직시해야 한다. 다윗의 위대함은 골리앗을 무너뜨리는 데 있는 게 아니라 자기 잘못을 시인하고 하나님 앞에 회개하는 데 있었다. 자기 죄를 알고 인정하고 회개하는 것은 죽은 자를 살리는 일보다 더 위대한 일이다. 파스칼은 이런 말을 하였다. "죄가 많은 것은 분명 악이다. 그러나 죄가 있으면서 그것을 인정할 마음이 없는 것은 더 큰 악이다."

다윗은 밧세바와 동침한 후에 노래 없는 시인이 되고 말았다. 그의 얼굴에는 기쁨이 사라졌다. 요즘 당신의 입술에 찬양이 없는가? 요즘 당신의 얼굴에 기쁨이 없는가? 내 속에 남모르는 죄가 있나 들여다보라. 내 속에 토설치 않은 죄가 있나 살펴보라. 교회를 수십 년 다니고 수많은 설교를 들었지만 한 번도 "내가 바로 그 사람입니다. 내가 범죄하였습니다"라는 고백하지 않았다면 오늘 그런 고백이 있길 바란다. 하나님은 화려한 제사보다 자신의 죄를 보고 통회하는 자를 더 기뻐하신다.

"하나님께서 구하시는 제사는 상한 심령이라. 하나님이여 상하고 통회하는 마음을 주께서 멸시하지 아니하시리이다"(시 51:17).

그리스도인이 해야 할 가장 중요한 임무는 내가 지은 죄를 인정하는 것이다. 남편의 죄를 보지 말라. 아내의 죄를 보지 말라. 그 대신 내 죄를 보라. 죄의 묘한 점은 죄를 짓고도 자신이 죄지었다고 느끼지 못하게 한다는 것이다. 내 인생에 나타난 고통을 해결하는 길은 내가 죄를 지었다고 정직하게 인정하는 것이다.

삼무엘하 12장 13절에 보면 나단 선지자가 회개하는 다윗에게 이렇게 말한다. "여호와께서도 당신의 죄를 사하셨나니 당신이 죽지 아니하려니와." 구약에는 간음죄를 지은 자를 돌로 쳐서 죽였다. 하나님은 다윗이 회개하였기에 죽이지 않으셨다. 죄의 고백을 미루지 말라. 지금 회개하라. 당신의 인생에 나타나는 빨강 신호등을 무시하지 말라. 내가 지은 죄로 인해 남모를 죄책감에 눌린 사람이 어떻게 회복할 수 있는가? 과거의 죄로 인해 짓눌려 사는 사람이 어떻게 회복할 수 있는가? 하나님 앞에 회개하면 된다.

"하나님이여 주의 인자를 따라 내게 은혜를 베푸시며 주의 많은 긍휼을 따라 내 죄악을 지워주소서. 나의 죄악을 말갛게 씻으시며 나의 죄를 깨끗이 제하소서. 무릇 나는 내 죄과를 아오니 내 죄가 항상 내 앞에 있나이다"(시 51:1-3). "내게 즐겁고 기쁜 소리를 들려주시사 주께서 꺾으신 뼈들도 즐거워하게 하소서. 주의 얼굴을 내 죄에서 돌이키시고 내 모든 죄악을 지워주소서"(시 51:8-9). "하나님께서 구하시는 제사는 상한 심령이라. 하나님이여 상하고 통회하는 마음을 주께서 멸시하지 아니하시리이다"(시 51:17).

다윗의 회개기도에는 조금도 변명이나 합리화가 없다. 다윗은 통곡하며 회개기도를 하고 있다. 당신에게 죄책감이 있는가? 과거의 죄로 인해 주눅 들어 있는가?

죄를 회개하고 죄에서 떠나라

하나님은 회개하는 자를 버리지 않으신다. 하나님은 회개하는 자를 불쌍히 여기신다. "자기의 죄를 숨기는 자는 형통하지 못하나 죄를 자복하고 버리는 자는 불쌍히 여김을 받으리라"(잠 28:13). 회개는 회복의 시작이다. 회개하는 자에겐 살 소망이 있다. 하나님은 자기 죄를 회개하는 자에겐 용서와 회복의 은혜를 베푸신다. "나 여호와가 말하노라. 내 손이 이 모든 것을 지었으므로 그들이 생겼느니라. 무릇 마음이 가난하고 심령에 통회하며 내 말을 듣고 떠는 자 그 사람은 내가 돌보려니와"(사 66:2).

하나님은 통회하는 자를 용서하고 회복시킬 뿐만 아니라 다시 돌보아주신다. 죄책감의 쇠뭉치를 끊고 자유롭게 살고 싶은 사람, 남모르는 중독에 빠진 사람, 늘 남 탓하며 부정적인 말만 하며 사는 사람, 알코올 중독에 빠진 사람, 음란 중독에 빠진 사람, 밖에서는 행복한 부부처럼 살지만 실상은 매일 부부싸움을 하며 사는 사람, 도박을 즐기는 사람, 거짓말이 입에 붙은 사람들은 더 이상 죄를 숨기지 말고 정직하게 하나님 앞에 엎드려 회개해야 한다. 하나님은 중독의 줄을 끊게 해주실 수 있다. 하나님은 우리를 도울 능력이 있는 분이시다.

하나님은 우리가 범죄하고 숨기는 것이 아니라 자복하고 통회하는 것을 기뻐하신다. "하나님께서 구하시는 제사는 상한 심령이라. 하나님이여 상하고 통회하는 마음을 주께서 멸시하지 아니하시리이다"(시 51:17). 당신이 죄에서 빠져나와 회복되길 원하는가? 하나님 앞에서 회개하고 울라. "애통하는 자는 복이 있나니 그들이 위로를 받을 것임이요"(마 5:4). 예수님은 애통하는 자에게는 위로가 있다고 분명히 말씀하신다.

당신은 하나님 앞에 뜨거운 눈물을 흘린 적이 있는가? 지금 회개로 뜨거운 눈물을 흘리기 바란다. 오늘 회개의 영이 부어지기 바란다. 하나님 앞에서 우는 자는 소망이 있다. 우리는 나를 위해 울고 자녀를 위해 울고 이 나라를 위해 울어야 한다. 운다고 죄가 해결되는 것은 아니다. 죄는 회개한 후에 완전히 버려야 한다. 참 회개는 과거의 죄된 삶을 끊어내는 것이다. 회개는 죄의 쇠사슬을 끊어버리는 것이다. 회개는 내 인생을 미래로 나아가지 못하게 묶고 있는 쇠뭉치를 끊어버리는 것이다.

"자기의 죄를 숨기는 자는 형통하지 못하나 죄를 자복하고 버리는 자는 불쌍히 여김을 받으리라"(잠 28:13).

아무리 많은 회개를 하여도 그 회개한 죄를 버리지 않는다면 참 회개라고 할 수 없다. 죄를 회개한 후 그 죄를 버려야 참 회개임을 증명해준다.

회개한 죄는 용서받음을 믿으라

다윗은 하나님 앞에 진심으로 회개한 후 하나님께서 자신의 죄를 용서해주셨음을 믿었다.

> "내가 이르기를 내 허물을 여호와께 자복하리라 하고 주께 내
> 죄를 아뢰고 내 죄악을 숨기지 아니하였더니 곧 주께서 내 죄
> 악을 사하셨나이다. (셀라)"(시 32:5).

다윗은 자신이 회개한 후 하나님께서 자기 죄를 용서해주셨다는 확신과 믿음이 있었다. 우리는 지금 구약시대가 아닌 신약 이후 시대를 살고 있다. 구약에는 예수님의 보혈이 없었지만 우리에게는 우리 죄를 깨끗하게 해주시는 예수님의 보혈이 있다. 예수님의 보혈 능력을 믿어야 한다. 예수님의 피는 우리의 모든 죄를 깨끗하게 해주신다. "그 아들 예수의 피가 우리를 모든 죄에서 깨끗하게 하실 것이요"(요일 1:7).

내 죄를 회개하고 예수의 피를 의지하라. 예수님의 보혈은 그 어떤 죄라도 다 깨끗하게 씻어주신다. 우리는 예수님의 십자가 보혈의 능력을 믿어야 한다. 어떤 죄라도 예수님의 보혈은 모든 죄를 다 깨끗하게 씻는다. "그 아들 예수의 피가 우리를 모든 죄에서 깨끗하게 하실 것이요"(요일 1:7). "그리스도 예수 안에 있는 자에게는 결코 정죄함이 없나니"(롬 8:1).

죄를 회개한 뒤에도 계속 자신의 죄를
바라보고 후회하며 현실에 충실하지 못한 자는
예수님의 보혈의 능력을 믿지 않는 자이며
하나님이 주시는 시간을 낭비하는 자이다.

하나님은 실수한 다윗을 버리지 않으셨다. 하나님은 우리를 회복시키길 원하시는 분이다. 하나님은 마른 막대기에 꽃이 피게 하시는 분이다. 하나님은 광야에 꽃이 피게 하시는 분이다. 하나님은 겨울이 지나면 다시 들판에 새싹이 돋게 하시는 분이다. 다윗은 자신의 모든 죄를 회개한 후 다시 일어나 전쟁에 나가 큰 승리를 거두었다(삼하 12:29-31).

당신이 하나님 앞에 정직한 회개를 하였다면 당신의 실수를 계속 묵상하지 말고 좋으신 하나님을 묵상하라. 하나님은 우리가 아무리 절망적인 상황에 빠져 있다 하여도 우리를 변화시켜서 다시 살리길 원하신다.

하나님께 불가능이란 없다. 하나님께 절망적인 상태란 없다. 하나님이 살아 계심을 정말 믿는 자는 우리 눈에 아무리 절망적인 상태라 하여도 절망적이지 않다. 우리가 믿는 하나님은 아침마다 우리를 새롭게 하시는 분이다. "여호와의 인자와 긍휼이 무궁하시므로 우리가 진멸되지 아니함이니이다. 이것들이 아침마다 새로우니 주의 성실하심이 크시도소이다"(애 3:22-23).

우리가 지은 죄로 인해 진멸되지 않는 것은 하나님의 자비와 긍휼이 무궁하시기 때문이다. 하나님은 자비와 긍휼을 아침마다 새롭게 하신다. 내가 어제 실수하였다고 하여도 오늘 아침에 다시 새롭게 하시는 분이 하나님이시다.

하나님은 우리가 일어나길 원하신다.
하나님은 나의 실수와 허물을 아신다.
하지만 그 실수에서 다시 일어나길 원하신다.

다윗이 죄를 짓고 뼈가 다 마를 정도로 우울과 심한 죄책감 속에 살고 있을 때, 나단 선지자를 보내어 회개하게 한 후 다시 다윗을 쓰신 하나님을 보라. 하나님은 자신의 자녀가 망하길 원치 않으신다. 하나님은 우리 인생이 절름발이가 되어 절뚝거리며 걷는 인생사가 되는 것을 원치 않으신다.

2001년 9월 11일, 미국 뉴욕의 110층 세계무역센터 쌍둥이 빌딩이 테러로 폭발한 사건이 있었다. 이 사건으로 2,996명이 사망하고, 6천여 명이 부상을 당하였다. 얼마나 끔찍한 사건인지 모른다. 미국 전역이 하루 만에 일어난 큰 테러 사건으로 인해 비상사태에 빠지게 되었고, 세계 경제의 중심부이자 미국 경제의 상징인 뉴욕은 공포에 휩싸이게 되었다. 테러 발생 직후 CNN 방송을 시작으로 사건의 상황이 전 세계에 생중계되었고, 9·11 테러는 순식간에 세계의 주목을 끌게 되었다.

뉴욕 전역에 있는 소방관들이 모두 투입되어 무너진 빌딩 잔해를 치우면서 생존자를 찾기 위해 안간힘을 다 쏟았다. 한 소방관이 사람의 팔목을 발견하고 주변에 있는 소방대원들을 불러모았다. 몰려든 소방관들은 그 사람의 주먹을 펴보고 모두 눈시울을 적셨다. 그 어른의 주먹 안에는 아기의 주먹손이 들어 있었다. 이 사람은 죽어가면서도 아기의 손을 꼭 붙잡고 있었던 것이다.

부모는 죽는 순간에도 자식의 손을 붙잡고 있길 원한다. 우리 육신의 부모보다 천배 만배 더 좋으신 하나님은 우리를 결코 놓지 않으시고, 우리를 살리기 원하신다. 하나님은 죄로 인해 포로로 끌려간 이스라엘 백성들에게 이렇게 말씀하셨다. "네가 내 눈에 보배롭고 존귀하며 내가 너를 사랑하였은즉"(사 43:4). 나는 내가 생각해도 형편없는 자이다. 그런데 하나님은 나를 존귀히 여긴다고 말씀하신다. "정말 내가 존귀한 자가 맞나요?" 나는 아닌 것 같은데 하나님이 나를 존귀히 여긴다고 말씀하신다. 하나님은 실수한 자를 버리지 않고 다시 쓰길 원하신다.

NCD에서 은사배치 사역을 하시는 한 목사님의 간증을 들었다. 그는 은사배치 사역을 조그마하게 하는 평범한 목회자였다. 그런데 어느 날 아내가 그를 버리고 다른 남자와 함께 가버렸다. 그의 가정은 산산조각이 났다. 도무지 손가락 하나도 움직일 수 없는 절망감이 밀려왔다. 자살도 하고 싶었다. 자기는 정말 아내를 사랑했다고 생각했는데….

그는 '이런 가정으로 어떻게 사역을 하겠는가' 하면서 목회를 다 내려놓았다. 그런데 그가 기도 중에 하나님께서 사역을 계속하라고 말씀하셔서 다시 조용히 은사배치 사역을 시작하였다. 이상하게도 그전보다 더 많은 곳에서 그를 필요로 했다. 한번은 세계 각처에 있는 목사와 선교사 3천 명이 모인 곳에서 강의하였다. 모든 강의가 끝난 시간에 하나님께서 그의 가정에 대하여 간증하라고 말씀하였다. 그는 그 음성에 순종하여 간증하였다.

"저는 지금 이혼한 목사입니다."

그곳에 참석한 모든 사람이 깜짝 놀랐다.

"하지만 하나님은 나를 사용하셨습니다. 하나님은 저에게 이렇게 말씀하셨습니다. '네가 죽음의 순간에 나를 붙잡았고 나를 떠나지 않았기에 너를 사용한다.' 여기에 계신 목사님, 선교사님 여러분은 저보다는 훨씬 낫지 않습니까? 여러분의 사역이 힘들고 어렵다고 하지만 여러분에게는 아내가 있지 않습니까? 여러분은 저보다 훨씬 나은 분들입니다."

간증이 끝나자 수많은 목사와 선교사들이 강단으로 올라가서 "우리에게도 말 못할 상처가 있습니다" 하며 이 목사님을 부둥켜안고 울었다. 순식간에 울음바다가 되었다. 이 목사님의 간증으로 많은 사람이 회복되었다.

사람은 누구에게나 아픔이 있고, 실수가 있으며, 또 실패가 있다. 그 실수에 빠져 인생을 포기하는 자가 되지 말라. 당신은 죄에 빠져 인생을 패잔병처럼 살지 말고, 예수 그리스도의 보혈로 모든 죄를 씻고, 그리스도의 강한 용사로 살라. 하나님은 내 연약함을 다 아신다. 하나님은 내 연약함을 돕기 원하신다. 하나님은 내 모든 상황을 아시고, 나를 돌보시며, 나를 도울 능력을 가지셨음을 믿으라. 회복은 내 의지나 노력에만 달린 것이 아니다.

"이와 같이 성령도 우리의 연약함을 도우시나니"(롬 8:26).

성령 하나님께 도움을 구하라. 우리는 하나님이 계신 것을 믿는다. 하나님이 계신 것을 믿는 것만으로는 충분하지 않다. 하나님의 능력에 접속이 되어야 한다. 하나님의 능력에 접속하려면 성령 하나님의 도움을 구해야 한다. 성령 하나님은 내 모든 상황을 아신다. 내 연약함을 아신다. 성령 하나님께 도움을 구하라. 회복의 은혜가 부어질 것이다. 회복의 은혜가 우리의 그 어떤 죄보다 훨씬 크다. '나'라는 존재는 하나님께 골칫덩어리가 아니라 하나님의 형상을 닮은 소중한 존재이다.

우리 부모를 생각해보라. 부모는 자녀가 잘못하면 매를 댄다. 매를 맞은 아이가 자기 방에 들어가서 나오지도 않고 처박혀 있다면 마음이 아플 것이다. 부모는 자녀가 의기소침과 우울에서 빠져나와 힘 있게 생활하길 원한다. 하나님은 우리 부모보다 더 우리가 실수에서 빠져나와 일상생활을 힘 있게 하길 원하신다.

예수님은 우리에게 모든 무거운 짐을 다 가지고 오라고 하신다. "수고하고 무거운 짐 진 자들아 다 내게로 오라. 내가 너희를 쉬게 하리라"(마 11:28). 우리 모든 짐을 대신 지고 가신 주님에게 다가가라. 그리고 다시 일어나라. 우리가 회개하면 하나님은 우리 죄를 기억도 하지 않으신다. "나 곧 나는 나를 위하여 네 허물을 도말하는 자니 네 죄를 기억하지 아니하리라"(사 43:25).

우리가 회개하면 동이 서에서 먼 것처럼 죄가 완전히 사라질 것이다. "동이 서에서 먼 것같이 우리의 죄과를 우리에게서 멀리 옮기셨으며"(시 103:12). 우리가 회개하면 모든 죄를 깊은 바다에 던지실 것이다. "다시 우리를 불쌍히 여기셔서 우리의 죄악을 발로 밟으시고 우리의 모든 죄를 깊은 바다에 던지시리이다"(미 7:19). 우리가 회개하면 죄가 주홍처럼 붉을지라도 눈같이 희게 해주실 것이다. "여호와께서 말씀하시되 오라. 우리가 서로 변론하자. 너희의 죄가 주홍 같을지라도 눈과 같이 희어질 것이요 진홍같이 붉을지라도 양털같이 희게되리라"(사 1:18).

회개한 죄에 대해서는 죄책감에 짓눌려 살지 말라. 아무리 큰 죄라 하더라도 예수님의 피는 우리의 죄를 사해주신다. "그 아들 예수의 피가 우리를 모든 죄에서 깨끗하게 하실 것이요"(요일 1:7). 보혈의 능력을 믿으라. 만약 당신이 죄를 회개하였는데도 계속 죄책감에 눌려 산다면 당신은 예수님 보혈의 능력을 믿지 않는 자이다.

예수님의 보혈의 능력은 우리가 상상할 수 없을 만큼 크고 위대하다. 예수님의 보혈은 전 세계 모든 인류의 죄를 씻을 수 있는 능력이 있다. 예수님의 보혈은 인류가 시작된 이래 지금까지 모든 세대의 죄를 깨끗하게 씻을 수 있는 능력이 있다. 당신이 지은 죄를 회개한 후에도 계속 죄책감에 빠져 산다면 하나님의 말씀보다 당신의 감정이나 생각을 더 신뢰하는 어리석은 짓이다. 내 감정이나 내 생각보다 하나님의 말씀을 신뢰하라. 하나님께서 당신의 죄를 깨끗하게 하셨다는데 당신 스스로 죄책감에 빠져 산다면 사탄에게 속는 것이다.

종교개혁자 마틴 루터에게 마귀가 탐욕과 욕망 등 종교개혁자들이 범한 기나긴 죄의 목록을 들고 찾아왔다. 루터는 죄의 목록이 너무 짧다고 하면서 또 다른 죄를 불러주었다. 마귀는 열심히 받아 적었다.

기록이 끝나자 루터는 마귀에게 이렇게 말했다.

"이젠 맨 아래에 이 말을 기록해두라. '그 아들 예수의 피가 우리를 모든 죄에서 깨끗하게 하실 것이요'(요일 1:7)."

이 말을 들은 마귀는 혼비백산하여 달아났다.

"그러므로 이제 그리스도 예수 안에 있는 자에게는 결코 정죄함이 없나니"(롬 8:1).

회·복·축·제 08

불평에서
감사로

회 복 축 제 08

불평에서 감사로

서양 속담 중에 이런 명언이 있다. "행복은 언제나 감사의 문으로 들어와서 불평의 문으로 나간다." 정말 불평하면 나에게 있던 행복이 나가고 감사하면 나에게 없던 행복이 들어온다. 사회학자 스탠디 박사는 "현대의 모든 사람은 암보다 더 무서운 질병을 앓고 있다. 그것은 바로 감사 불감증이다"라고 말했다. 현대인은 옛날보다 가진 것이 훨씬 더 많은데 감사가 없어서 불행한 것 같다. 오늘부터라도 불평을 버리고 감사로 인생을 대전환해야 한다.

430년 동안 애굽의 노예로 살았던 이스라엘 백성들은 출애굽하여 홍해를 기적적으로 건너고, 3개월 후에 하나님의 산 시내산에 도착했다. 그 시내산에서 1년을 지낸 후 다시 광야 행진을 시작한 것이 민수기 11장이다. 그들은 가나안을 향해 행진을 시작한 지 3일 만에 하나님께 불평과 원망을 쏟아부었다. "여호와께서 들으시기에 백성이 악한 말로 원망하매 여호와께서 들으시고 진노하사 여호와의 불을 그들중에 붙여서 진영 끝을 사르게 하시매"(민 11:1). 이들은 지금 가나안을 향해 가고 있다. 그러면 비전을 향해 떠나는데 감사해야 하지 않을까? 그런데 그들은 왜 불평하는가?

"그들 중에 섞여 사는 다른 인종들이 탐욕을 품으매 이스라엘 자손도 다시 울며 이르되 누가 우리에게 고기를 주어 먹게 하랴. 우리가 애굽에 있을 때에는 값없이 생선과 오이와 참외와 부추와 파와 마늘들을 먹은 것이 생각나거늘 이제는 우리의 기력이 다하여 이 만나 외에는 보이는 것이 아무것도 없도다 하니"(민 11:4-6). 성경은 이스라엘 백성들의 불평이 시작된 것은 바로 이스라엘 백성과 함께 섞여 사는 다른 인종들이 탐욕을 품었기 때문이라고 말한다.

이들은 과거에 애굽의 노예로 살았던 자들이다. 이스라엘 백성들이 출애굽할 때 그 사이에 끼어 함께 나온 자들이다. 그러면 누구보다도 감사해야 할 것이다. 그런데 그들은 탐욕으로 불평하고 있다. 탐욕은 분수에 넘치도록 욕심내는 것을 말한다. 그들은 출애굽한 것만 해도 감사해야 하는데, 지금 만나를 주심에 감사하지 못하고 분수에 넘치게 고기가 없다고 욕심을 내고 있다.

그들이 불평하자 이스라엘 백성들도 불평하기 시작했다. 불평은 전염된다. 그러기에 우리는 내 주위에 불평하는 사람들을 따라 그들처럼 불평 그룹에 참여해서는 안 된다. 우리 주변에 있는 세상 모든 사람이 다 불평해도 우리는 매 순간 감사를 선택해야 한다. 하나님은 이스라엘 백성들이 불평할 때 그냥 웃고 지나가지 않으셨다. 우리는 우리가 내뱉는 모든 불평을 하나님이 들으신다는 사실을 기억해야 한다. 하나님은 그들의 불평을 들으시고 불을 내려서 그들을 죽게 하셨다.

"여호와께서 들으시기에 백성이 악한 말로 원망하매 여호와께서 들으시고 진노하사 여호와의 불을 그들 중에 붙여서 진영 끝을 사르게 하시매"(민 11:1). 이스라엘 백성들이 악한 말로 원망하자 하나님이 들으셨고, 하늘에서 불이 내려와 텐트 끝에서부터 사람이 죽어가고 있었다. 다급해진 이스라엘 백성들은 모세에게 달려와서 살려달라고 부르짖으며 간청하였다. 그래서 모세가 기도하자 불이 꺼졌다. "백성이 모세에게 부르짖으므로 모세가 여호와께 기도하니 불이 꺼졌더라"(민 11:2).

하나님은 한 번 불평한다고 하늘에서 불을 보내 죽게 하는 분이 아니시다. 지금 이스라엘 백성들은 시내산에 1년 머물다가 다시 광야 행진을 시작하였다. 이스라엘 백성들은 그전에 출애굽하고 홍해를 건너 광야를 지나 시내산에 도착하기까지 수없이 많은 불평을 하였다.

그들의 첫 번째 원망은 기적적으로 홍해를 건넌 지 3일 만의 일이다. 마라에 도착하여 우물을 발견하고 물을 마셨는데, 그 물이 써서 마시지 못하게 되자 첫 번째 원망을 하였다. "백성이 모세에게 원망하여 이르되 우리가 무엇을 마실까 하매"(출 15:24). 불평과 원망은 같은 뜻이다. '원망'은 히브리어로 '룬'이라는 단어인데 이는 불평보다 조금 더 심각하게 계속 불평하는 것을 말한다. 하나님은 모세에게 명해 마라의 쓴물에 나무를 던져 단물로 만들어 먹게 해주셨다.

두 번째로 그들은 출애굽 한 지 한 달이 되어 애굽에서 가지고 나온 음식이 다 떨어지자 원망하였다. "이스라엘 자손 온 회중이 그 광야에서 모세와 아론을 원망하여 이스라엘 자손이 그들에게 이르되 우리가 애굽 땅에서 고기 가마 곁에 앉아 있던 때와 떡을 배불리 먹던 때에 여호와의 손에 죽었더라면 좋았을 것을 너희가 이 광야로 우리를 인도해내어 이 온 회중이 주려 죽게 하는도다"(출 16:2-3). 하나님은 그들에게 매일 하늘에서 만나를 내려 먹게 해주셨다.

세 번째 원망은 출애굽한 지 석 달쯤 되어 시내산 가까이 와서 물이 없다고 원망한 것이다. "거기서 백성이 목이 말라 물을 찾으매 그들이 모세에게 대하여 원망하여 이르되 당신이 어찌하여 우리를 애굽에서 인도해내어서 우리와 우리 자녀와 우리 가축이 목말라 죽게 하느냐"(출 17:3). 그 원망이 얼마나 큰지 모세를 돌로 쳐 죽이려고 하였다. "모세가 여호와께 부르짖어 이르되 내가 이 백성에게 어떻게 하리이까. 그들이 조금 있으면 내게 돌을 던지겠나이다"(출 17:4). 하나님께서 반석을 치게 하시고 그곳에서 물이 흘러나게 하셨다.

이렇게 하나님은 이스라엘 백성들이 출애굽하여 시내산에 도착하기까지 세 번이나 심각한 원망을 하였지만 하나님은 그들을 책망하거나 벌하지 않으셨다. 그러나 이스라엘 백성들이 시내산에 머문지 1년 후 다시 가나안을 향한 행진을 시작할 때 그들이 여전히 불평과 원망을 하자, 이제는 그 원망을 내버려두지 않으시고 불을 내리셨다. 불평과 원망이 버릇이 되면 비전을 향해 갈 수 없다. 하나님은 가나안을 향해 가는 이스라엘 백성에게 불을 내려서라도 이 불평을 없애길 원하셨다.

은혜를 앗아가는 불평을 버리라

불평, 불만, 원망은 죄다. 민수기 21장에 보면 이스라엘 백성들이 불평할 때 불뱀이 나와서 그들을 물어 죽였다. 그때 이스라엘 백성들은 불평이 죄인 것을 알았다. "백성이 모세에게 이르러 말하되 우리가 여호와와 당신을 향하여 원망함으로 범죄하였사오니 여호와께 기도하여 이 뱀들을 우리에게서 떠나게 하소서. 모세가 백성을 위하여 기도하매"(민 21:7).

우리는 워낙 불평이 많은 시대를 살고 있어서 불평이 별로 큰 죄가 아닌 줄 안다. 불평은 나쁜 버릇일 뿐만 아니라 심각한 죄다.

불평은 하나님께서 베푸신 은혜를 보지 못하게 한다.
불평은 모든 것을 다스리시는 하나님을 믿지 못하는
불신에서 나오는 것이다. 그래서 불평은 죄다.

신약에서도 불평하지 말라고 말씀하신다. "그들 가운데 어떤 사람들이 원망하다가 멸망시키는 자에게 멸망하였나니 너희는 그들과 같이 원망하지 말라. 그들에게 일어난 이런 일은 본보기가 되고 또한 말세를 만난 우리를 깨우치기 위하여 기록되었느니라"(고전 10:10-11).

이스라엘 백성들이 광야에서 불평하면 하늘에서 불이 내려오고 땅에서 불뱀이 나타났다. 지금도 마찬가지다. 불평하면 제일 먼저 내가 죽는다. 내 열정이 죽고 내 비전이 죽으며, 내 영이 죽고 내 육체가 죽는다. 이스라엘 백성들이 출애굽하여 가나안까지 가는 거리는 아무리 오래 잡아도 한 달이면 충분했다. 직선거리로 가면 2주면 된다. 그래서 이스라엘 백성들은 한 달 치 음식을 준비한 것이다. 그런데 그들은 광야에서 40년을 보냈다. 아니 한 달 치 거리를 40년이나 걸린다는 것이 말이 안 된다. 왜 하나님은 그들을 40년씩이나 그 불편한 광야에서 계속 빙글빙글 돌게 하셨을까? 이유는 불평과 원망 때문이었다.

하나님은 불평하는 자를 거친 광야에 계속 머물게 하신다. 지금의 광야의 길을 뛰어넘어 축복의 가나안 땅에 들어가길 원하는가? 그렇다면 불평을 멈추고 감사를 선택하라. 이스라엘 백성들은 자신들이 광야길에 계속 머무는 것이 그들 자신의 죄 때문이라는 것을 모르고, 늘 환경을 탓하고 하나님 탓을 하고 모세를 탓하였다. 이스라엘 백성들은 불평이 바로 430년 동안 노예로 살면서 생긴 노예근성에서 나온 나쁜 버릇인 것을 절대 몰랐다. 그들은 늘 투덜거리고 환경을 탓하며 남 탓하는 것이 습관이 되어 있었다.

불평하는 자는 있는 것을 감사하기보다 언제나 없는 것을 본다. "이제는 우리의 기력이 다하여 이 만나 외에는 보이는 것이 아무것도 없도다 하니"(민 11:6). 광야에서 농사도 짓지 않고 밭도 일구지 않는데 매일 만나가 내리는 것은 엄청난 축복이다. 그러나 그들은 감사는 커녕 불평만 했다. 그들에게서 감사가 사라졌다. 이스라엘 백성들의 가장 큰 문제는 그들 마음에 감사가 사라진 것이다. 그들은 지금 있는 만나를 축복으로 보기보다 보잘것없는 것으로 치부하였고, 이까짓 만나뿐이라 말하고 있다. 불평의 가장 나쁜 점은 지금의 축복을 보지 못하는 것이다.

이스라엘 백성들이 기적적으로 홍해를 건넜을 때는 축제였다. 이스라엘 백성들은 처음 만나가 내렸을 때 너무 행복해하였다. 그런데 지금 그들은 고기는 없고 만나만 내린다고 불평하고 있다. 그들에게는 출애굽에 대한 감사가 없고 만나에 대한 감사도 없다. 그들은 탐욕에 빠져 더 더 더 많은 것을 요구하고 있다. 그들은 욕구불만에 빠졌다. 당신이 정말 광야에서 벗어나길 원하는가? 그렇다면 지금 없는 것을 보고 내뱉는 불평을 멈추어야 한다.

불평은 교만이다. 내가 대단해서 불평하는 것이다. 교만은 패망의 선봉이다(잠 16:18). 교만은 나를 망하게 한다. 불평도 내 인생을 망하게 한다. 정말 당신의 인생을 확 바꾸길 원하는가? 불평을 버리고 감사하라. 특별히 당신이 불평할 수밖에 없는 상황에서 감사한다면 전혀 새로운 인생을 살게 될 것이다. 불평은 부정적인 면에 초점을 맞추는 것이고, 감사는 긍정적인 면에 초점을 맞추는 것이다. 지금 결심하라. 앞으로는 그림자가 아닌 햇빛을 보고 살겠노라고.

「감사의 힘」(데보라 노빌 저, 위즈덤하우스, 2008년)이라는 책에 나오는 데이비드라는 사람은 시골에 살다가 뉴욕 맨해튼으로 왔다. 그는 고액 연봉을 받고 좋은 집에 사는 꿈을 가졌다. 그러나 현실은 박봉으로 친구 빌의 집에 얹혀사는 신세였다. 그는 늘 없는 것을 보며 모든 것이 불평이었다. 그런 그가 불평 대신 행복을 선택하기로 했다.

어느 토요일 아침, 길을 걸으며 자신이 행복할 수밖에 없는 이유를 세어보기로 했다. 먼저, 아기를 안고 가는 한 엄마를 보고 미소를 지었다. 하늘을 날아가는 비행기를 보고 행복을 느꼈다. 이번에는 지나치는 음식점마다 풍겨 나오는 냄새에 마음이 푸근해졌다.

어느새 데이비드는 행복한 사람이 되어 있었다. 생각해보니 맨해튼으로 무사히 이사한 것도 감사했다. 지금 자신이 뉴욕의 거리를 걷고 있는 것도 감사했다. 갈 곳 없는 그가 친구 집에 머무는 것도 감사했다. 그러자 그동안 숨겨졌던 열정이 살아났다. 잠자던 잠재력이 피어올랐다.

그 후 20년이 지난 지금, 그는 성공한 사업가가 되었다. 그는 불평을 버리고 행복하기로 한 인생에 전환점이 된 그날을 단 한 번도 잊은 적이 없었다. 불평을 완전히 버리고 행복을 선택하라. 그것이 인생의 전환점이다.

매 순간 감사가 넘치게 하라

이스라엘 백성들은 불로 타죽은 가족 때문에 울었고, 고기가 없는 것에 대해 불평하였다. 모세는 이런 상황을 보고 하나님께 엎드려 은혜를 베풀어달라고 간절히 기도했다. "주께서 내게 이같이 행하실진대 구하옵나니 내게 은혜를 베푸사"(민 11:15).

하나님은 모세의 기도를 들으시고, 그들에게 고기를 주어 한 달을 먹게 해주겠다고 말씀하셨다. "냄새도 싫어하기까지 한 달 동안 먹게 하시리니 이는 너희가 너희 중에 계시는 여호와를 멸시하고 그 앞에서 울며 이르기를 우리가 어찌하여 애굽에서 나왔던가 함이라 하라"(민 11:20).

정말 엄청난 일이다. 아니, 장정 60만 명, 여자와 어린아이까지 포함하면 200만 명이나 되는 사람에게 한 달 동안 고기를 먹게 하려면 얼마나 많은 고기를 가져와야 하는가? 그것도 광야에서. 도대체 어디에서 이들을 한 달 동안 먹게 할 수 있는 고기가 생기겠는가? 모세가 너무 황당하여 하나님께 되물었다. "모세가 이르되 나와 함께 있는 이 백성의 보행자가 육십만 명이온데 주의 말씀이 한 달 동안 고기를 주어 먹게 하겠다 하시오니"(민 11:21).

모세의 머리로 도무지 이해할 수 없는 일이지만 하나님은 모세가 생각지도 못한 방법으로 고기를 보내주셨다. 그것은 바다 건너편에서 메추라기 떼가 몰아오는 것이었다. "바람이 여호와에게서 나와 바다에서부터 메추라기를 몰아 진영 곁 이쪽 저쪽 곧 진영 사방으로 각기 하룻길 되는 지면 위 두 규빗쯤에 내리게 한지라"(민 11:31).

한 규빗이 45cm니 두 규빗이면 90cm다. 보통 사람의 허리만큼 높이로 사람이 걸어서 하룻길 정도까지 메추라기가 쌓인 것이다. 정말 놀라운 장면이다. 누가 이런 일을 하였는가? 우리 성경에는 바람이 불어서 메추라기가 날아왔다고 하는데 정확한 번역은 성령의 바람이다. 성령의 바람이 불면 내가 상상할 수도 없는 엄청난 은혜가 부어진다. 이것은 무엇을 말하는가? 하늘나라에는 무한한 자원이 있음을 뜻한다.

지금 무엇이 부족한가? 이스라엘 백성들처럼 불평하지 말고, 모세처럼 "하나님 이 상황에 은혜를 부으소서" 하고 간절히 기도하라. 하나님은 어떤 상황에서도 우리에게 은혜 베풀길 원하신다. "여호와는 그의 얼굴을 네게 비추사 은혜 베푸시기를 원하며 여호와는 그 얼굴을 네게로 향하여 드사 평강 주시기를 원하노라 할지니라 하라"(민 6:25-26).

이스라엘 백성과 모세의 차이는 무엇인가? 모세 혼자 꽃길을 걷고 있는 것이 아니다. 모세도 이스라엘 백성과 똑같이 거친 광야길을 걷고 있다. 그러나 이스라엘 백성들은 눈에 보이는 상황만 보았지만 모세는 눈에 보이지 않는 하나님의 은혜를 보았다. 하나님은 우리에게 은혜 베풀길 원하신다. 모세는 출애굽하면서 일어나는 모든 일에 하나님께서 함께하시고 하나님께서 은혜 베푸실 것을 믿었다.

출애굽하자마자 일어난 첫 사건을 기억해보라. 처음 이스라엘 백성들이 광야길을 떠나자마자 그들 앞에 홍해가 나타났고, 뒤에는 애굽 군대가 몰려왔다. 그때 이스라엘 백성들이 "우리를 광야에서 죽게 하려느냐. 차라리 애굽에서 노예로 사는 것이 더 좋았겠다"라며 불평불만을 쏟아부을 때 모세는 어떻게 하였는가?

"모세가 백성에게 이르되 너희는 두려워하지 말고 가만히 서서 여호와께서 오늘 너희를 위하여 행하시는 구원을 보라. 너희가 오늘 본 애굽 사람을 영원히 다시 보지 아니하리라. 여호와께서 너희를 위하여 싸우시리니 너희는 가만히 있을지니라"(출 14:13-14).

모세는 불평하는 이스라엘 백성들에게 그만 불평하고 가만히 있으라고 말하였다. 모세가 홍해가 갈라지는 것이나 애굽 군대가 물에 빠져 죽는 것을 환상으로 미리 본 것이 아니다. 다만 믿음으로 하나님이 베푸실 은혜를 본 것이다.

사막길을 가면서 신발에 모래가 들어온다고 불평하지 말라. 사막에 있는 모든 모래를 다 없애는 것은 불가능한 일이다. 내 신발을 바꾸면 된다. 모래가 들어오지 않는 신발을 신으면 된다. 인생을 행복하게 잘사는 비결은 의외로 간단하다. 환경을 다 바꾸려고 하지 말고 내가 스스로 행복을 선택하면 된다. 행복은 과거에 하나님께서 베풀어주신 은혜를 기억하고, 또 지금도 베풀어주실 은혜를 기대하며 살 때 그냥 생긴다. 지금 내 상황이 아무리 어려워도 하늘 창고에는 내가 상상할 수도 없는 엄청난 하나님의 은혜가 준비되어 있다.

당신에게 불평할 일이 생겼는가? 오리처럼 꽥꽥거리며 불평하지 말고 기도하라. 상상할 수도 없을 만큼 큰 은혜가 부어질 것을 기대하라. 불평은 오리가 되는 것이고, 은혜를 기대하는 것은 불평의 무리 위로 높이 나는 독수리가 되는 것이다. 하나님은 우리가 모든 일에 감사로 살기 원하신다. 당신의 기도가 응답되길 원하는가? "아무것도 염려하지 말고 다만 모든 일에 기도와 간구로 너희 구할 것을 감사함으로 하나님께 아뢰라"(빌 4:6).

불평하거나 염려하거나 의심하며 기도한다면 아무런 응답이 없을 것이다. 그러나 감사함으로 기도한다면 반드시 기도에 응답해주실 것이다. 하나님의 임재에 깊이 들어가길 원하는가?

"감사함으로 그의 문에 들어가며 찬송함으로 그의 궁정에 들어가서 그에게 감사하며 그의 이름을 송축할지어다"(시 100:4).

감사는 하나님의 존전에 깊이 들어가게 한다. 당신에게 없는 것을 보지 말고, 지금 내가 가진 것을 보며 감사하고, 앞으로 부어질 은혜를 기대하라. 그것이 믿음이다. 오늘 당신을 위해 부어주실 은혜는 준비되어 있다. 우리가 상상하지도 못할 만큼 큰 은혜가 준비되어 있다.

모든 순간이 하나님의 선물이다

하나님은 어떤 상황에서도 우리가 항상 기뻐하길 원하신다. 하나님은 우리가 모든 일에 감사하길 원하신다. "항상 기뻐하라. 쉬지 말고 기도하라. 범사에 감사하라. 이것이 그리스도 예수 안에서 너희를 향하신 하나님의 뜻이니라"(살전 5:16-18). 우리가 항상 기뻐하고 모든 일에 감사하는 것이 하나님의 뜻이다.

우리 성경에는 "범사에 감사하라"고 되어 있다. '범사'는 원어인 헬라어로 '엔 판티'인데, 이는 '모든 시간에'라는 뜻이다. 모든 순간순간을 다 기뻐하고 다 감사하라. 모든 순간이 다 하나님이 주신 선물이기 때문이다. 후회하지 않는 인생을 사는 비결은 현재를 소중히 여기고 매 순간 기뻐하고 감사하는 것이다.

감사는 내 인생을 치료하는 기적의 묘약이다.
감사는 피곤을 에너지로 바꾸어준다.
감사는 우울을 열정으로 바꾸어준다.
감사는 슬픔을 아름다움으로 바꾸어준다.
감사는 지금을 최선으로 살게 해준다.
감사는 지옥의 장소를 천국의 장소로 바꾸어준다.

지금 당신에게 없는 것을 보고 절대 불평하지 말라. 불평한다고 변하는 것은 하나도 없다. 불평은 남 탓이기에 내 상황은 아무것도 변하는 것이 없다. 그러므로 무엇인가 변하길 원한다면 남 탓하는 불평을 버리고 내가 할 수 있는 최선을 다하라. 내가 변하면 모든 것이 달라진다. 특별히 당신이 불평할 수밖에 없는 상황에서 불평하지 않고 최선을 다한다면 하나님은 반드시 놀라운 은혜로 보상해주실 것이다.

요셉은 부당하게 형들에 의해 노예로 팔렸고 억울하게 감옥에 갔어도 형들을 원망하거나 복수심에 이글거리며 시간을 낭비하지 않았다. 그는 노예로 팔려 간 보디발의 집에서도 최선을 다했고, 삼옥에서도 최선을 다했다. 하나님은 그런 요셉에게 상상할 수도 없는 큰 은혜를 부어주셨다. 요셉이 감옥 안에 있다가 그냥 풀려나기만 해도 큰 은혜였다. 그러나 하나님은 그 정도의 은혜가 아니라 그 당시 세계 최대 제국 애굽의 이인자인 총리의 자리에 올려주셨다.

하나님의 은혜는 우리가 상상할 수 없을 만큼 크다. 지금 나에게 어려움이 있어도, 고난이 있어도 매 순간을 즐기라. 매 순간에 감사하라. 행복한 사람은 인생 자체를 선물로 받아들이는 자이다. 행복한 사람은 주변에 감사할 것이 많다고 생각한다.

나는 세 아이를 키우면서 그 아이들이 어릴 때 내 목에 매달려 안아달라고 할 때가 너무 그립다. 세발자전거를 태우고 다니고, 또 어깨에 올려놓고 다닐 때, 업어달라고 조를 때, 그때는 힘들었지만 지금 생각해보면 그때가 너무 행복했다. 다시 그때로 돌아가고 싶다. 하지만 지금도 행복하다. 나보다 더 큰 아들이 나를 안아주고, 예쁜 딸이 나를 꼭 안아주는 지금도 감사하다. 꽃이 피는 봄이 아름답다. 무더운 여름도 아름답다. 수확의 계절 가을도 아름답다. 추운 겨울도 아름답다. 꽃이 피는 십 대도 아름답다. 열정이 넘치는 이삼십 대도 아름답다. 열매가 넘치는 오륙십 대도 아름답다. 황혼기의 칠팔십 대도 아름답다. 하나님은 때를 따라 다 아름답게 만드셨다(전 3:1).

매 순간이 다 하나님의 선물이다.
그러므로 모든 시간에 즐거워하고 감사하라.
그것이 하나님의 뜻이다.

누가 은혜를 받는가? 하나님의 뜻대로 사는 사람이다. 당신이 하나님의 은혜를 받기 원한다면 불평을 버리고 기뻐하며 감사하라. 예수님은 우리가 기뻐하는 것을 넘어 기쁨이 충만한 것을 원하신다. "내가 이것을 너희에게 이름은 내 기쁨이 너희 안에 있어 너희 기쁨을 충만하게 하려 함이라"(요 15:11).

예수님이 십자가를 지시기 전에 하신 마지막 중보기도에도 우리에게 기쁨이 넘치길 원하셨다. "지금 내가 아버지께로 가오니 내가 세상에서 이 말을 하옵는 것은 그들로 내 기쁨을 그들 안에 충만히 가지게 하려 함이니이다"(요 17:13).

하나님은 우리를 만드실 때 이 땅의 모든 것을 다스리라고 하셨다. 그리고 이 땅에 있는 모든 것을 임의로 먹으라고 하셨다. 현대인들은 인생을 너무 성공 성공하면서 성공이 휘두르는 채찍질을 맞으며 고난 속에 살고 있다. 하나님께서 6일 동안 무엇을 만드시든 늘 후렴처럼 하신 말씀이 무엇이었나?

"보기에 좋았더라!"
"보기에 좋았더라!"
"보기에 좋았더라!"

마지막 날 사람을 만드시고는 "보시기에 참 좋았더라!"고 말씀하셨다.

우리가 하나님의 아들과 딸이라면 우리도 하나님처럼 보기에 좋다, 보기에 참 좋다는 말을 해야 한다. 지금 한 번 해보라. 먼저 나 자신을 보고 말하라. "보기에 참 좋구나!" 당신 가족과 친구들에게 이렇게 말해보라. "보기에 참 좋습니다!"

투덜거리지 말라. 흠잡지 말라. 불평불만 하지 말라. 감사하라. 축복하라. 칭찬하라. 사랑의 눈으로 보라. 나이 들어 후회하지 않는 인생이 되려면 오늘부터라도 하나님이 주신 매 순간을 소중히 여기고, 기뻐하고 감사하며 살라. 기쁨과 감사를 미루지 말라. 결혼 후, 졸업후, 병원에서 퇴원한 후, 은퇴한 후, 자녀가 대학을 마친 후 즐기겠다고 미루지 말라. 앞으로 우리 삶이 어떻게 될지는 아무도 모른다. 우린 오늘 죽을 수도 있다. 그러므로 지금 살아 있는 이 순간을 최대한 기쁨으로 누리고 감사로 누리라.

"이날은 여호와께서 정하신 것이라. 이날에 우리가 즐거워하고 기뻐하리로다"(시 118:24).

한 소녀가 산길을 걷다가 나비 한 마리가 거미줄에 걸려 버둥대는 것을 발견했다. 소녀는 가시덤불을 제치고 들어가 거미줄에 걸려 있는 나비를 구해주었다. 나비는 춤을 추듯 훨훨 날아갔지만 소녀의 팔과 다리는 가시에 찔려 붉은 피가 흘러내렸다. 그때 멀리 날아간 줄 알았던 나비가 순식간에 천사로 변하더니 소녀에게 다가왔다. 천사는 자기를 구해준 은혜에 감사하며 무슨 소원이든 한 가지를 들어주겠다고 했다. 소녀는 천사에게 "이 세상에서 가장 행복한 사람이 되게 해주세요"라고 말했다. 천사는 소녀의 귀에 무슨 말인가 소곤거리고 사라져버렸다.

소녀는 자라서 어른이 되어 결혼을 한 후 엄마가 되고 할머니가 되도록 늘 행복하게 살았다. 그녀 곁에는 언제나 좋은 사람들이 있었고 행복하게 살아가는 그녀를 사람들은 부러운 눈빛으로 우러러보았다. 세월이 흘러 예쁜 소녀가 백발의 할머니가 되어 임종을 눈앞에 두게 되었다. 사람들은 입을 모아 할머니가 죽기 전에 평생 행복하게 살 수 있었던 비결이 무엇인지 물었다. 할머니는 웃으며 말했다.

"내가 소녀였을 때 나비 천사를 구해준 적이 있지. 그 대가로 천사는 내가 평생 행복한 사람이 되게 해주었어. 그때 천사가 내게 다가오더니 내 귀에 이렇게 속삭였어. '구해주어서 고마워요. 소원을 들어드릴게요. 무슨 일을 당하든지 감사하다고 말하세요. 그러면 당신은 평생 행복하게 될 거예요.' 그때부터 무슨 일이든지 감사하다고 중얼거렸더니 정말 평생 행복했어. 사실은 천사가 내 소원을 들어준 게 아니야. 누구든지 만족할 줄 알고 매사에 감사하면 하늘에서 우리에게 행복을 주는 거지."

오늘부터 평생 감사하며 살라. 놀라운 은혜가 부어질 것이다. 감사는 아주 작은 것부터 시작하면 된다. 어젯밤에 잠을 잘 잔 것에 감사하라. 오늘 해가 떠오른 것을 감사하라. 오늘 호흡하고 있는 것을 감사하라. 내게 가족이 있는 것을 감사하라. 오늘 지금 내 힘으로 교회에 걸어 들어와 앉아 있는 것을 감사하라. 가을 나무가 아름답게 단풍이 들어 있는 것을 감사하라. 감사는 사소한 것에서부터 시작된다. 그래서 철학자 에피쿠로스는 "작은 것에 감사하지 못하는 자는 어떤 것에도 감사하지 못한다"라고 말했다.

자녀에게는 부모에게 감사하는 것을 훈련시켜야 하고 감사하는 버릇을 키워주어야 한다. 자칫 잘못하면 부모에게 불평만 하는 괴물이 될 수 있다. 우리는 하나님의 자녀이다. 하나님의 자녀는 하나님께 늘 감사하며 살아야 한다. 인생이 불행한 사람은 감사를 모르는 사람이다. 그러나 감사에 눈을 뜨면 온 세상이 다 천국으로 보인다.

우리는 인생을 한 번밖에 살지 않는다. 그래서 지금 이 순간 행복을 선택해야 한다. 꽃길만 찾아다니며 걸으려고 하지 말라. 내가 가는 길이 다 꽃길이다. 내가 가는 길이 다 은혜의 길이다. 내가 가는 길이 모두 축복의 길이다.

절망의 골짜기는
희망이라는 산봉우리의
시작이다

절망의 골짜기는 희망이라는 산봉우리의 시작이다

어떤 사람의 고백이다. "내 길의 끝에서 비로소 예수의 삶이 시작되었다. 내가 죽는 날이 예수가 사는 날이었고, 내가 파산한 곳은 예수가 부활하는 곳이 되었다. 평안하고 무사할 때 예수는 내 일부였고 액세서리에 불과하였다. 그러나 절망이 내 앞에 밀려와 하루아침에 내 삶은 깨어진 난파선의 조각처럼 흩어져 버렸을 그때 절망의 바다 위로 예수님이 걸어오셨다. 거기서 비로소 예수님을 실제로 만났다."

이런 고백은 모순인 것 같지만 진실이며 사실이다. 인간은 참 이상하게도 좋은 날, 좋을 때는 예수님을 찾지 않는다. 힘들고 어려울 때, 내 힘으로 전혀 살 소망이 없을 때 예수님을 간절히 찾게 된다. 이것이 어리석은 인간의 모습이다.

다음은 한 형제의 간증이다.

나는 어릴 때 원불교를 믿는 집안에서 자랐다. 부모님은 우리 집을 교당으로 제공할 만큼 신심이 있었고, 나는 자연스럽게 부모의 손을 잡고 교당에 나갔으며, 청소년 때는 학생회장을 할 만큼 나름대로 열심히 다녔다. 그러나 나에게 원불교는 바른 생활을 가르치는 철학적 사상으로만 다가와서 지금까지 다행히 큰 죄를 짓지 않고 살게 해주었는지는 모르겠지만 신실한 종교적 믿음을 갖게 해주지는 않았다.

내가 교회에 다니고 믿음을 가지게 된 것은 내 인생이 바닥에 떨어졌기 때문이다. 당시 내 인생은 지상 63층에서 지하 63층으로 추락하여 건강과 사업과 전 재산을 잃고, 몇 번의 극단적인 행동으로 정신과치료를 받을 만큼 극도의 분노와 고통으로 육체와 정신은 피폐할 대로 피폐해졌다.

수백 명의 직원을 거느렸던 오너이자 대표이사였던 나는 오른팔과도 같이 믿었던 임원의 횡령과 범죄행위로 인하여 법적 책임을 지고 범죄자 아닌 범죄자가 되었다. 그래도 다시 회사를 살리고자 수백억의 남은 전 재산을 쏟아부으며, 급하게 대표이사로 뽑은 사람에게 또 속아 엎친 데 덮친 격으로 수년 동안 송사를 당하였다. 결국 상장사였던 회사는 상장폐지가 되어 천억대의 주식은 하루아침에 휴지조각이 되어버려 삶을 마감하고 싶은 마음뿐이었다.

꼬일 대로 꼬여 삶을 포기하다시피 하며 살던 그때 나는 갑자기 아내가 혼자 다니던 교회를 스스로 찾아갔다. 무슨 이유인지는 모르겠지만 확실한 것은 이대로 있다간 죽을지도 모르겠다는 생각이 들면서 죽기 전에 꼭 하나님을 만나고 싶었다. 그리고 하나님을 붙잡고 살게 해달라고 기도하고 싶었던 것이다. 아마 내가 이렇게 모든 것을 잃지 않았더라면, 그동안 성공과 부와 명성을 얻기까지 나 스스로 주인의식을 가지고 살았기에, 내가 전부라고 생각하고 나만 믿고 살았던 나로서는 하나님을 찾지 않았을 것이다.

목사님의 말씀을 통해 조금씩 믿음에 대한 확신이 생겼고, 이제 내가 주인이 아닌 하나님이 주인이 되는 삶을 살아야겠다는 확신이 생겼다. 그동안 내 주변에서 나를 걱정해주던 사람들이 나를 볼 때마다 얼굴이 좋아졌다고 말하며 무슨 좋은 일이 있느냐고 물으면, 나는 하나님을 만나서 내 삶이 변하고 있다고 자신 있게 말한다.

절망의 끝에 서 계신 예수님을 만나라

우리 힘으로 안 될 때, 나에게 더 이상 방법이 없을 때, 내가 얼마나 약한 존재인가를 절실히 깨달을 때, 아무 데도 기댈 언덕이 없을 때, 다른 모든 사람이 내게 등을 돌릴 때, 말기 암으로 몇 달 살지 못한다고 사형선고를 받을 때, 남편이 나를 떠났을 때, 이혼서류가 날아왔을 때, 2~30년 일한 직장에서 아무 대책도 없이 쫓겨날 때, 자녀가 갑자기 집을 나가 연락이 끊어졌을 때, 믿었던 사람이 나를 배신할 때, 갑자기 돈이 다 사라졌을 때, 모든 것이 끝이라고 느낄 그때가 끝이 아니다. 그곳에 예수님이 서 계신다.

절망을 만났다고 해서 포기하지 말라. 모든 절망의 골짜기는 희망의 봉우리와 연결되어 있다. 나 혼자만 절망을 만나는 건 아니다. 세상 모든 사람이 다 절망을 만난다. 사도 바울 같은 사람은 신약성경 열세 권을 쓴 위대한 인물이다. 그는 아시아와 유럽 곳곳을 다니며 수많은 교회를 세웠던 사람이다. 바울은 감히 우리가 근처에도 가지 못할 위대한 인물이다. 그런데 이런 위대한 바울도 살 소망이 끊어지는 날이 있었다.

"형제들아 우리가 아시아에서 당한 환난을 너희가 모르기를 원하지 아니하노니 힘에 겹도록 심한 고난을 당하여 살 소망까지 끊어지고"(고후 1:8).

살 소망이 끊어졌다는 말은 절망에 빠졌다는 뜻이다. 그 다음절에 보면 더 큰 절망을 말하고 있다.

"우리는 우리 자신이 사형선고를 받은 줄 알았으니 이는 우리로 자기를 의지하지 말고 오직 죽은 자를 다시 살리시는 하나님만 의지하게 하심이라"(고후 1:9).

사도 바울이 만난 환난은 살 소망이 끊어지고 사형선고를 받은 것 같은, 도무지 내일이 보이지 않는 절망의 밑바닥에 떨어진 일이다. 우리같이 평범한 사람이 "절망에 빠졌다. 사형선고를 받았다"라고 말하면 이해가 되지만 위대한 사도 바울이 "절망에 빠졌다. 사형선고를 받은 것 같다"라는 말은 잘 이해가 안 된다. 그러나 도리어 그가 이런 말을 했다는 것이 우리에게는 큰 위안이 된다. 사도 바울같이 위대한 인물도 절망하는 것을 보면 내가 절망하는 것은 너무나 당연하고 자연스러운 일이다. 당신에게 살 소망이 끊어지고 도무지 앞이 보이지 않는 절망이 나타났는가? 포기하지 말라.

사도 바울은 놀라운 반전의 말을 한다. 그 절망, 그 사형선고는 자기를 의뢰하지 않고 하나님만 의지하게 하려 함이라고 말한다. 바울은 우리에게 절망이 있는 것은 하나님을 만나고 하나님만 의지하게 하기 위함이라고 말한다. 그래서 예수님을 믿는 우리에게는 절망도 유익하다. 만약 절망을 통해 하나님을 만나지 못한다면 철학자 키르케고르가 말한 대로 "절망은 죽음에 이르는 길"일 뿐이다. 우리 예수를 믿는 사람은 절망도 기회이고 하나님이 쓰시는 도구이다. 하나님이 쓰시는 가장 강력한 도구가 바로 절망이다.

참 이상하다. 세상은 절망을 싫어하고 무서워한다. 그러나 우리 믿는 자에겐 절망이 하나님을 만나는 희망의 시작이다. 우리는 내 노력, 내 실력, 내 재력, 내 힘으로 안 되는 날을 만난다. 그날이 빨리 오면 올수록 내가 죽고 내 안에 예수가 사는 기회가 된다. 우리는 너무 자기 자신을 믿고 자신을 의뢰하며 산다. 예수를 믿는 자는 자기를 의지하는 것이 깨어져야 한다.

누가복음 7장에 나오는 사람은 정말 깊은 절망에 빠진 자이다. 이 말씀은 사복음서 중 누가복음에만 기록된 특별한 사건이다. "그 후에 예수께서 나인이란 성으로 가실새 제자와 많은 무리가 동행하더니" (눅 7:11). '그 후에'는 예수님께서 갈릴리 가버나움에서 어떤 백부장의 죽어가는 하인을 기적적으로 고치신 이후를 말한다. 예수님은 이제 가버나움에서 남서쪽으로 약 40km 정도 떨어진 나인성으로 가고 계신다. 예수님 주변의 무리는 조금 전에 있었던 예수님의 기적으로 기쁨과 축제의 분위기다.

반면 나인성에서 나오는 한 무리는 죽음의 행렬이었다. "성문에 가까이 이르실 때에 사람들이 한 죽은 자를 메고 나오니 이는 한 어머니의 독자요 그의 어머니는 과부라. 그 성의 많은 사람도 그와 함께 나오거늘"(눅 7:12). '나인'성의 이름 뜻은 '즐겁다, 기쁘다'인데, 그 성에서 나오는 무리는 즐겁기는커녕 죽음의 행렬이고 절망의 행렬이었다. 이 여인은 남편이 일찍 죽었는데 지금 하나밖에 없는 아들도 죽어버렸다.

이 여인은 온종일 힘든 일을 마치고 돌아와도 아들이 활짝 웃어주면 고된 일이 주는 피로가 싹 사라졌고, 아들이 품에 안기면 세상의 모든 것을 다 가진 듯 행복했다. 그런데 그 행복을 주던 아들이 죽고 말았다. 얼마나 그 슬픔이 큰지 주변 사람들 누가 오가는지 보이지 않았다. 그녀의 눈에서는 한없이 눈물이 흘러내렸다.

어디 이 여인만 슬프겠는가! 이 여인만 절망에 빠진 것이 아니다. 현대 도시에 사는 사람들은 다 남모를 조용한 절망을 가지고 살아간다. 남들은 다 겉으로는 웃고 즐겁다고 말하는 것 같지만 속으로 울고 있다. 예수님은 산상수훈에서 우리에게 참 이상한 말씀을 하셨다. "애통하는 자는 복이 있나니 그들이 위로를 받을 것임이요"(마 5:4). 예수님은 우는 자는 복이 있다고 말씀하셨다. 아니 우는데 어떻게 복이 있다는 것인가? 이 구절을 메시지 성경은 이렇게 번역했다. "가장 소중한 것을 잃었다고 느끼는 너희는 복이 있다. 그때에야 너희는 가장 소중한 분의 품에 안길 수 있다."

이 말씀처럼 정말 이 여인이 인생의 끝에 떨어졌을 때 예수님께서 다가오셨다. "주께서 과부를 보시고 불쌍히 여기사 울지 말라 하시고"(눅 7:13). '주께서'는 히브리어로 '큐리오스'라는 단어인데, 이는 예수님이 온 우주의 주인이며 나를 만드신 주인이라는 뜻이다. 그분은 나를 이 세상에 보내주신 분이다. 그분이 지금 절망하고 있는 여인의 주인이시다. 그 주인 되신 예수님이 절망에 빠진 여인에게 다가오셔서 새로운 시작을 하신다. 나의 끝은 예수님의 시작이다. 깊은 절망에 빠진 여인에게 예수님께서 다가오셔서 불쌍히 여기시고 울지 말라 말씀하셨다.

'불쌍히 여기신다'의 헬라어는 '창자까지 뒤틀리는 아픔을 느낀다'는 의미이다. 나의 주인이신 주님은 내가 아파하면 그분이 나의 주인이시기에 나보다 더 아파하신다. 그녀는 평생 처음으로 예수님의 음성을 들었다. 바로 그 절망의 끝자락에서 예수님의 "울지 말라"는 따뜻한 음성을 들었다. 우리 주인이신 예수님은 우리 절망을 절대로 외면하지 않으신다. 그러나 그 여인은 아직 예수님이 주인이심을 몰랐다.

> "가까이 가서 그 관에 손을 대시니 멘 자들이 서는지라. 예수께서 이르시되 청년아 내가 네게 말하노니 일어나라 하시매"(눅 7:14).

예수님 당시 유대인들은 시신은 절대로 만지지 않았다. 율법에 따르면 시신을 만지면 자신도 부정해지기 때문이다. "사람의 시체를 만진 자는 이레 동안 부정하리니"(민 19:11). 더욱이 예수님은 그 당시 뜨고 있는 랍비였다. 랍비는 더더욱 부정한 것은 만지지 않는다. 그런데 예수님은 직접 그 죽은 사람이 들어 있는 관에 손을 대시고 "청년아 일어나라"고 말씀하셨다. 예수님은 이 죽은 청년을 살리길 원하셨다.

우리는 흔히 이런 말을 한다. "하나님은 내가 회복되는 것을 원하지 않으실 거야. 매일 죄를 짓는 나를 찾아오실 리가 없어. 나는 내가 봐도 중죄인이야. 나는 내가 봐도 소망이 없는 구제 불능이야. 나는 이제 끝이야." 이것은 내 생각일 뿐이다. 예수님은 그렇게 생각하지 않으신다. 예수님은 누구든지 살리길 원하신다.

이 청년은 정말 이미 죽은 자였다. 누가 봐도 끝난 인생이었다. 이 죽은 청년이 살아난다는 것은 불가능한 일이었다. 그러나 예수님은 어떤 분이신가? 예수님은 아무도 포기하지 않으신다. 심지어 죽은 자도 살려내고 싶어 하시는 분이다. 예수님이 포기하지 않는 한 우리에게는 희망이 있다. 당신이 지금 절망의 끝자리에 떨어졌는가? 당신은 끝이라고 느낄지 몰라도 예수님에게는 새로운 시작이다.

이 청년이 왜 죽었는지 모른다. 병으로 죽었는지 사고로 죽었는지 죄를 짓다가 죽었는지 모른다. 어쨌든 죽음이란 더 이상 소망이 없다는 뜻이다. 온 우주를 만드신 예수님은 도무지 소망이 없는 곳에 소망을 불어넣어주길 원하신다. 예수님은 '즐겁다'라는 뜻의 '나인'성에 살다 그곳에서 빠져나와 무덤을 향해가는 절망의 끝자락에 있는 여인에게 직접 다가가셔서 죽은 아들을 살려주셨다. 이 여인은 아들의 죽음이라는 절망에서 전혀 생각지도 않았던 새로운 시작을 만났다. 그녀는 예수님을 만나 예수님이 온 우주의 주인이시며 자신의 주인이심을 알았다. 우리의 절망은 예수님의 시작이다. 당신은 지금 절망의 자리에 서 있는가? 당신의 절망 끝자락에 계신 주님을 만나라.

우리 교회에서 간증했던 정근모 박사는 젊은 날 서울대를 수석으로 졸업하고, 미국에 건너가서 미시간 주립대학에서 23세에 응용물리학 박사학위를 받고, 곧바로 사우스 플로리다대학에서 최연소 교수가 되면서 세계적인 과학자 대열에 올랐다. 그는 32세에 카이스트대

학의 부총장으로 추대되었다. 그는 그때까지 하나님을 믿지 않았다. 자신이 너무 똑똑하고 잘나가는 과학자가 되었으니 신의 존재를 인정할 수도 없었고 믿을 이유도 없었다. 그는 아내를 따라 몇 번 교회에 가기는 하였지만 하나님을 믿지는 않았다.

그에게 열 살 된 아들이 있었는데 몸이 아파 병원에 갔더니 신부전증으로 죽어간다는 진단을 받았다. 의사는 늦기는 했지만 콩팥 이식수술을 한다면 살 수 있다고 말했다. 그는 곧바로 자신의 콩팥을 하나 떼서 아들에게 이식하였다. 그러나 수술 부작용으로 콩팥 이식은 실패하였고, 아들의 얼굴은 새까맣게 타들어갔다. 의사는 더 이상 자신이 할 수 있는 일이 없다고 하였다. 정 박사는 절망하였다. 과학자인 아버지가 아들을 위해 할 것이 아무것도 없었다.

그는 처음으로 스스로 성경을 펼쳤다. 성경을 읽으면서 혹시 하나님이면 우리 아들을 살려주실 수 있지 않을까 하는 믿음이 생겼다. 그때 마침 교회에서 기도회에 참석하라는 연락이 왔다. 아내는 아들 침상 곁에 있어도 자신들이 아무런 도움이 되지 못하니 차라리 교회에 가서 기도하자고 하였다. 아내에게 이끌려 교회에 가서 목놓아 부르짖으면서 눈물로 기도하였다. 자신의 교만을 회개하였다. 철저히 낮아졌다. 절망의 끝자락에서 하나님을 붙잡았다.

그렇게 몇 시간을 울며 기도하고 있는데 병원에서 연락이 왔다. 아들이 회복되고 있다고 하였다. 그 후 정 박사는 뜨거운 믿음생활을 하고 있다. 아무리 바빠도 주일, 수요일, 금요 철야, 구역 예배 등 모든 예배에 다 참석하고 있다.

나의 끝이 예수님의 시작이다

　　　　예수님은 우리가 죽음의 관 속에 누워 있길 원하지 않으신다. 예수님은 우리가 일어나길 원하신다. 당신이 어떤 이유로 죽음의 자리에 누워 있는지 모르지만 계속 죽음의 자리에 누워 있지 말라. 절망의 자리에서 포기하지 말고 그 절망의 자리에 와 계신 당신의 주인 예수님을 만나라. 예수님을 만나면 죽음의 자리에서도 일어나게 된다. 예수님을 만나면 회복된다. 예수님을 만나면 치유된다. 온 우주를 만드신 그 음성이 죽은 청년에게 임하자 그 청년은 죽음에서 벌떡 일어났다.

　성경에는 '나의 끝'이 '예수님의 시작'이 된 사건이 가득하다. 모세는 40세에 사람을 죽이고 도망자가 되어 광야에 가서 혼자 숨어 살 때가 인생의 끝이었다. 그 살인 사건이 그의 모든 비전과 꿈을 다 깨버렸다. 그가 광야에서 지낸 지 40년이 지나 80세의 늙고 힘없는 노인이 되어 자신이 할 수 있는 일이란 아무것도 없었다. 그는 젊은 날의 꿈과 비전을 모래바람에 다 날려 보냈다. 그는 절망의 끝자락에 서 있었다. 그때 하나님이 나타나서 이스라엘 백성들을 출애굽시키라고 말씀하셨다. 그의 인생 끝자락에서 하나님이 다시 새롭게 시작하신 것이다. 당신의 꿈이 깨어졌는가? 그곳에서 하나님을 만나라. 그러면 하나님은 당신의 끝에서 새롭게 시작하실 것이다.

이사야 선지자는 유다 왕이었던 웃시야 왕의 친척으로 예루살렘 성 안에서 왕족들과 친하게 지내며 살았다. 그는 누구보다도 웃시야 왕과 친하게 지내며 예루살렘 성전을 마음껏 들락날락하였다. 그런데 웃시야 왕이 갑자기 문둥병에 걸려 시름시름 앓다가 죽고 말았다. 그렇게 친하게 지냈던 웃시야 왕이 죽자 그는 성전에 엎드려 통곡하며 울고 있었다. 어제까지 편하게 와서 제사를 드렸던 성전이 낯설게 느껴졌다. 그는 이제 의지할 사람이 사라졌다. 그는 자신을 도와줄 사람이 사라졌다. 그의 왕이 사라진 것이다.

그는 절망의 끝자락에 떨어졌다. 그때 하나님이 그에게 임재하셨다. "웃시야 왕이 죽던 해에 내가 본즉 주께서 높이 들린 보좌에 앉으셨는데 그의 옷자락은 성전에 가득하였고"(사 6:1). 그날 이사야는 하나님을 만났고, 온 유대 땅에 하나님의 말씀을 전하는 대선지자가 되었다. 당신이 믿었던 사람이 사라졌는가? 당신의 왕이 사라졌는가? 그곳에서 하나님을 만나라.

베데스다 연못에 물이 동하길 기다리는 38년 된 병자는 삶에 아무런 의욕도, 열정도 없이 살고 있었다. 그가 처음 베데스다 연못에 올 때는 자신의 몸이 나을 것이라 기대하고 왔다. 그러나 10년이 지나고, 20년이 지나도, 30년이 흘러도 병이 나을 기회가 오지 않자 포기하고 있었다. 그는 무더운 여름과 차가운 겨울을 38번이나 보내도록 베데스다 연못에서 지냈다. 자신의 몸이 치유될 것이라는 기대는 다 사라졌다. 그는 아무것도 할 수 없었다. 그는 겨우 남들이 던져주는 동전만 바라보는 비참한 신세가 되고 말았다.

그는 예수님이 자기 곁에 와도 몰랐다. 그는 그 당시 가장 유명한 랍비인 예수님이 다가와도 알아차리지 못했다. 그는 절망의 끝에 예수님이 서 계신 것을 몰랐다. 예수님은 예수님이 곁에 와 있는 것도 모르는 그 38년 된 병자에게 다가가셔서 "네 자리를 들고 일어나라"고 말씀하셨다. 예수님이 베데스다 연못에 오신 이유는 바로 38년 된 병자 한 사람 때문이었다. 예수님은 그 사람이 기다린 시간이 38년이든 380년이든 38초든 상관하지 않으셨다. 예수님은 시간의 제약을 받지 않으신다. 예수님이 좋아하시는 시간은 바로 지금이다.

우리가 예수님 앞에 "지금 내 힘으로 안 됩니다. 내 노력으로 안 됩니다. 그래서 나는 주님의 도움이 필요합니다"라고 말하면 그 시간이 바로 예수님이 일하시는 시간이다. 베데스다 연못에 38년 된 환자는 질병이 치유될 확률이 거의 없을 때 스스로가 생각해도 치유가 불가능한 절망의 끝자락에서 예수님을 만났다. 예수님은 질병이 아무리 오랫동안 치유되지 않았다고 해도, 치유될 확률이 거의 없다고 해도 그곳에서 만나주시고 회복시켜주신다.

다시 나인성 과부의 아들 이야기로 돌아가보자. "죽었던 자가 일어나 앉고 말도 하거늘 예수께서 그를 어머니에게 주시니"(눅 7:15). 예수님이 죽은 청년에게 일어나라고 말씀하시자 청년에게 생명이 들어가 살아났다. 그는 일어나 앉기도 하고 주변 사람들과 말도 하며 서로 껴안고 기뻐 춤을 추었다.

예수님은 너무 큰 슬픔으로 아들이 살아난 것도 모르는 여인에게 그 청년을 보냈다. 어머니는 죽었다가 다시 살아난 아들을 보고 감격의 눈물을 흘렸다. 그 여인은 깊은 절망에서 놀라운 희망을 가지게 되었다. 그 여인에겐 깊은 절망이 온 우주의 주인이신 예수님을 만나는 기회가 되었다. 성경에 기록되지 않았지만 그 여인과 청년은 평생 예수님이 주님이심을 전하는 자가 되었을 것이다.

당신의 인생에 큰 절망이 나타났는가? 당신 자신에게는 절망하라. 그러나 계속 절망에 빠져 있지는 말라. 그 절망은 예수님을 만나는 기회이다. 그 깊은 절망 속에서 예수님을 바라보라. 예수님은 바로 절망의 끝자리에 와 계신다. 죽은 자를 살리시는 예수님을 바라보라. 나의 끝이 예수님의 시작이다. 절망의 끝자락에 절망을 희망으로 바꾸시는 예수님이 계신다. 예수님은 우리의 절망 속에 다가오신다. 내년이 아니라 올해, 내일이 아니라 오늘 이 시간에!

절망은 하나님의 영광을 드러낼 도구이다

나인성 과부의 죽은 아들이 살아나자 무슨 일이 일어났는가? "모든 사람이 두려워하며 하나님께 영광을 돌려 이르되 큰 선지자가 우리 가운데 일어나셨다 하고 또 하나님께서 자기 백성을 돌보셨다 하더라. 예수께 대한 이 소문이 온 유대와 사방에 두루 퍼지니라"(눅 7:16-17). 죽은 청년이 살아나자 온 동네가 발칵 뒤집혔다. 죽은 청년이 살아났다고 좋아하는 것보다 하나님을 두려워하였다. 그리고 하나님께 영광을 돌렸다. 우리의 절망은 하나님의 영광을 드러낼 좋은 기회이다. 지금 절망스러운 상황에 있다고 포기하지 말라. 그 절망은 하나님의 영광을 드러낼 도구이다.

이 사건의 핵심은 나인성 과부가 죽은 아들로 인해 절망 속에 있다가 예수님을 만나 죽은 아들이 살아났다는 것보다 예수님이 이 절망적인 여인의 아픔을 먼저 아시고 다가오셨다는 것이다. 이 여인의 삶의 중심은 독자인 아들이었다. 그 아들이 희망이며 비전의 전부였다. 그 아들이 죽자 그녀의 희망도, 미래도, 그녀의 인생도 죽었다. 그러다 아들이 살아나자 그녀 삶의 중심이 아들에서 예수님으로 바뀌었다. 아들이 죽은 절망이 그녀에게 예수님을 삶의 중심에 놓게 하는 중요한 기회가 되었다. 삶의 무게 중심이 아들에서 예수님으로 옮긴 것이다. 그녀는 아들의 죽음이라는 절망 속에서 예수님이 주인이심을 알았다.

고난과 절망은 '내'가 주인이었던 사람을
'예수님'이 주인인 사람으로 만들어준다.

우리는 태어나는 순간 내가 주인 되는 삶을 당연히 여기고 산다. 누가, 무엇이 우리 주인을 나에게서 예수님으로 바꾸겠는가? 성공은 내가 더 주인이 되는 삶으로 가게 하고, 성공은 더 교만하게 만들며, 성공은 더 타락하게 한다. 그러나 고난과 절망은 내가 주인 된 삶을 버리게 하고 예수님을 주인으로 모시게 해준다. 그녀에게는 그 절망이 그녀가 주인 된 삶을 버리고 예수님이 주인이 되는 삶을 살게 만들어주었다. 그녀는 주인을 바꾸고서야 진짜 인생을 살기 시작하였다.

우리가 '내'가 주인 되어 살다가 예수가 주인 되는 삶을 산다면 상상도 하지 못할 놀라운 일이 일어날 것이다. 그냥 평범하게 살다가 내 주인을 예수로 바꾸는 일은 쉽게 일어나지 않는다. 내 인생의 주인인 나를 버리고 예수를 주인으로 바꾸는 것은 쉬운 일이 아니다. 정말 주인을 바꾸게 해주는 것은 고난과 절망이다. 당신의 인생에 무슨 일이 일어나든 내가 주인 된 삶을 버리고 예수를 주인으로 바꾸는 삶이 오길 바란다. 그날이 새로운 인생을 시작하는 날이다.

아무리 큰 절망을 만났다 하더라도 예수님을 주인으로 모시기만 한다면 그 절망은 문제가 아니다. 예수님은 이 세상의 모든 절망을 다 희망으로 바꾸시는 분이다. 예수님이 주인 되면 당신이 상상도 못했던 엄청난 일이 일어나게 된다. 이것은 당신의 미래만 바꾸어주는 것이 아니라 당신의 영원을 바꾸어준다. 절망을 넘어 죽음의 대가를 치르더라도 이 중요한 결정을 해야 한다. 당신 인생에 최고의 결정은 내 주인을 예수로 바꾸는 일이다.

이 여인은 아들이 죽다가 살아나자 비로소 예수님께서 자신을 사랑하시고 자신에게 다가온 것을 알았다. 이 여인이 예수님을 사랑한 것이 아니라 예수님이 먼저 이 여인을 사랑했다는 것이다. 우리는 우리가 먼저 예수님을 사랑한 것이 아니라 예수님이 먼저 우리를 사랑하셨다는 사실을 깊이 새겨야 한다. "우리가 사랑함은 그가 먼저 우리를 사랑하셨음이라"(요일 4:19).

벽돌로 지어진 3층짜리 건물의 1층에는 병희라는 이름의 화가가 경영하는 화실이 있었는데 같은 건물 3층에 최근에 이사 온 여인이 있었다. 그녀는 늘 아기를 업고 계단을 오르내렸다. 그런데 화가는 그녀가 이상한 습관을 가지고 있는 것을 발견하였다. 분명 외눈이 아닌 듯한데 계단을 오르내릴 때마다 늘 한쪽 눈을 꼭 감고 마치 시각장애인처럼 더듬으며 걷는 것이었다. 그래서 볼 때마다 별 이상한 습관을 지닌 사람도 다 있구나 생각했다.

하루는 이 여인이 비를 피하고자 화실에 들어와서 인사를 나누게 되었다. 그런데 뜻밖에 그 여인이 업고 있는 아기의 오른쪽 눈이 흉하게 감겨 있는 것을 발견했다. 태어난 직후 질병으로 인해 실명했다고 한다. 화가는 이 여인의 이상한 습관이 이해되는 듯했다.

그런데 어느 날 갑자기 여인은 화가에게 사진 한 장을 내놓으면서 이런 부탁을 했다.

"화가 선생님, 이 아가의 사진을 그림으로 그려줄 수 있나요?"

"네"라고 대답했더니,

"그럼 한 가지 부탁이 있습니다. 우리 아가의 오른쪽 눈을 정상으로 그려줄 수 있으세요?"

그럴 수 있다고 했다. 화가는 온 정성을 다해 아기 그림을 그렸다. 물론 오른쪽 눈은 기도하면서 잘 그렸다. 여인은 매우 만족해하면서 그림을 가져갔고, 얼마 후 자기 집으로 화가를 초대했다.

여인은 화가에게 이렇게 말했다.

"화가 선생님, 저는 제 아가에게 꼭 이런 눈을 주고 싶어요. 아기가 조금 더 크면 제 눈을 이식해줄 거예요. 그러면 우리 아기도 예쁜 눈을 가지게 되겠지요. 그래서 저는 지금부터 한쪽 눈으로 사는 연습을 하고 있어요. 한쪽 눈으로 밥을 먹고, 한쪽 눈으로 계단을 내려가고, 한쪽 눈으로 길을 걷지요. 그래도 저는 얼마나 기쁜지 몰라요."

그 순간 화가는 그 여인이 그동안 한쪽 눈을 감고 다닌 진짜 이유를 비로소 알게 되었다. 이 엄마는 자신의 눈으로 아기의 희망이 되고 싶었던 것이다.

예수님은 이 세상에 왜 오셨는가? 절망 속에 있는 우리에게 희망이 되어주시기 위해 오셨다. 예수님은 우리가 절망 속에 인생을 포기하고 있는 것을 그냥 내버려둘 수가 없었다. 예수님은 왜 십자가에서 죽으셨는가? 우리가 죄에 빠져 죽는 것을 내버려둘 수 없었기 때문이다.

당신은 당신 자신에게는 얼마든지 절망하라.

내 힘으로 안 되는 것을 알아야 한다.

내 노력으로 안 되는 것을 깨달아야 한다.

내 절망은 예수님의 시작이다.

예수님은 내 절망에 희망으로 오신다. 나의 절망에 비하면 예수님
의 희망은 내가 상상한 것보다 훨씬 더 크다. 어둠이 빛을 막지 못하
듯 우리의 절망이 예수님의 희망을 막지 못한다. 예수님이 살아 계시
는 한 우리에게는 언제나 희망이 있다. 나의 끝은 예수님의 시작이다.
나의 끝은 예수님을 주인으로 모시라는 사인이다. 예수님을 나의 주
인으로 모시라. 모든 절망이 물러갈 것이다. 우리는 절망으로 무너지
는 자가 아니라 예수님을 주인으로 모시고, 모든 절망을 이기는 성도
이다.

올림픽 금메달리스트인 양영자 선수는 초등학교 3학년 때부터 탁
구를 했다. 그리고 능력을 인정받아 중학생 때 국가대표 선수가 되었
다. 그때 그녀는 테니스 엘보라는 팔꿈치 부상을 당하게 되었고, 심한
통증으로 인하여 주사를 맞으며 시합에 출전하곤 했다. 그러나 18세
가 되던 해 도쿄 세계탁구선수권 대회에서 우승한 후 약물 중독과 간
염으로 낙심에 빠졌다. 그리고 다시는 선수로 재기할 수 없다는 사실
을 알았고, 선수생활을 포기한 채 절망의 나락으로 떨어졌다.

그러던 중 누군가의 권유를 받아 교회에 나갔고, 그곳에서 주님을 만나 깊은 절망의 늪에서 빠져나오게 되었다. 그녀가 은혜를 받으니 지금까지 부상으로 포기했던 마음에 다시 열정이 생겼다. 이전에는 자신의 성공과 명예를 위해 운동을 했다면 이제는 예수님을 믿는 나를 통해 누군가에게 위로와 기쁨과 복음을 전할 수 있으면 좋겠다는 생각을 가지게 되었다. 그녀는 낙심과 절망의 자리에서 일어나 다시 운동할 마음이 생겼다.

그녀는 아픈 팔을 가지고 피나는 재활과 운동을 하게 되었다. 그리고 1986년 아시안 게임에서 현정화 선수와 함께 금메달을 땄고, 1988년 서울 올림픽에서 다시 영예의 금메달을 받게 되었다. 그녀는 수상소감에 하나님께서 절망에 빠진 자신을 다시 세우셨고, 그 은혜로 금메달을 조국의 목에 걸게 하셨다고 밝히며, 많은 사람에게 하나님의 살아 계심을 증거하였다. 은퇴 이후 지금은 몽골 선교사가 되어 자신의 삶과 탁구를 통해 하나님의 위로와 소망을 전하고 있다. "절망으로 망한 사람은 없다. 단지 절망 앞에서 포기한 자가 있을 뿐이다." 양영자 선수는 이 말을 실천하고 사는 몇 안 되는 산증인이다.

괜찮아,
다시
일어나면 돼!

회 복 축 제

10

괜찮아, 다시 일어나면 돼!

지금부터 소개하는 싱글맘의 이야기는 참으로 감동적이다. 이 여인은 남편의 급작스러운 죽음으로 무척 힘든 나날을 보내고 있었다. 그녀의 남편은 동네에서 존경받는 경건한 사람이었다. 하지만 안타깝게도 사랑하는 부인과 두 아들을 두고 세상을 떠나고 말았다. 젊은 아빠가 이렇게 빨리 하나님의 부르심을 받을 줄 누가 알았겠는가? 더더욱 하나님을 잘 믿는 사람이니 전혀 죽음을 생각해본 적이 없었다. 더 안타까운 점은 생명보험도 하나 없이 산더미 같은 빚만 남기고 떠났다는 것이다. 두 아들은 아직 어린데 살아갈 길이 막막했다.

이 여인은 졸지에 극빈자로 전락하였다. 빚은 자기 힘으로 도저히 감당할 수가 없었다. 매일 찾아오는 빚쟁이들의 빚 독촉에 시달리며 사는 것이 그녀에게는 지옥과도 같았다. 결국 그들은 빚을 갚지 못하면 아들을 노예로 내놓으라고 했다. 이 여성이 사는 나라에서는 이런 일이 흔히 일어났다. 그녀에게는 남은 것이 아무것도 없었다. 그녀의 인생은 남편의 죽음과 함께 무너졌다. 그녀에게 남은 것은 절망뿐이었다.

그녀는 지푸라기라도 잡는 심정으로 목사를 찾아갔다. 그녀의 남편이 평소에 그 목사와 좋은 관계를 맺고 있었다. 그녀는 목사에게 눈물을 흘리며 말했다.

"목사님, 우리 가족은 남편의 죽음으로 당장 길거리에 나앉게 되었습니다. 재산은 다 압류되었고, 이제 남은 것은 두 아들뿐입니다. 매일 빚쟁이들이 찾아와서 빚을 독촉하고 있습니다. 지금 당장 돈을 마련하지 못하면 이제 집은 물론이고, 두 아들마저 잃게 됩니다. 이제 이 아이들은 영영 저를 떠나 노예로 살다가 죽을 겁니다. 저는 기껏해야 여기저기 청소나 하며 살거나 아니면 구걸하며 구차한 목숨을 연명해야만 합니다. 목사님, 제 남편이 얼마나 하나님을 사랑했는지 아시죠? 목사님과 제 남편이 오랫동안 함께 사역하지 않았습니까?"

목사는 안타까운 마음으로 이렇게 말했다.

"괜찮습니다. 다시 일어나십시오. 먼저 자매님의 집에 혹시 남은 것이 무엇이 있는지요?"

이 말에 여성은 자기 귀를 의심했다. '아니, 설마 벼룩의 간을 빼먹으려는가?'

"목사님, 조금 전에 말씀드렸지 않습니까? 저에게는 남은 것이 아무것도 없다고요."

그 여성은 다시 눈물을 흘리기 시작했다.

"집에는 남은 것이 아무것도 없습니다. 집에 있는 가재도구는 다 팔았습니다. 돈이 될 만한 것은 모두 팔았습니다. 이젠 우리 세 식구뿐입니다. 참, 굳이 남긴 것이 있다면 오늘 먹을 빵과 올리브기름 한 병이 있습니다. 하지만 그것으로 뭘 하겠습니까?"

이쯤이면 당신은 이 이야기가 엘리사와 생도 과부의 이야기라는 사실을 알았을 것이다. 이런 어려운 과부에게 엘리사는 놀라운 명령을 한다. 이웃집에 가서 집집마다 있는 빈 그릇을 빌려오라고 하였다. 그리고 그 빈 그릇에 올리브기름을 부으라고 하였다. 아마 그 여인은 올리브기름 한 병을 빌려 온 모든 그릇에 붓는 것이 무슨 소용이 있을까 생각했을 것이다. 그러나 그녀는 엘리사 선지자의 말에 순종하였다.

두 아들과 함께 이웃집에 가서 빈 그릇이라는 빈 그릇은 다 빌렸다. 그리고 문을 닫고 방에 들어가 두 아들과 함께 그 빈 그릇에 기름을 부었더니 기름이 흘러나와 빈 그릇을 채우고, 또 다른 빈 그릇을 채우고, 또 빈 그릇을 채웠다. 정말 놀라운 일이었다. 마지막 빈 그릇에 기름이 차고 나니 끊임없이 흐르던 기름이 멈추었다. 마지막 한 방울이 빈 그릇에 똑 떨어지더니 더 이상 기름이 나오지 않았다. 그녀는 곧바로 엘리사에게로 뛰어갔다. 지금 자기 집에서 일어난 일을 다 말하였다. 엘리사 선지자는 그 기름을 팔아 빚을 갚고 남은 것으로 여인과 두 아들이 함께 생활하라고 하였다.

이 스토리는 열왕기하 4장에 나오는 이야기다. 이제 이 말씀이 주시는 은혜를 같이 나누어보자. 이 여인은 어떻게 이런 놀라운 기적을 경험하고 회복될 수 있었는가?

하나님을 찾으면 살 길이 열린다

"선지자의 제자들의 아내 중의 한 여인이 엘리사에게 부르짖어 이르되 당신의 종 나의 남편이 이미 죽었는데 당신의 종이 여호와를 경외한 줄은 당신이 아시는 바니이다. 이제 빚 준 사람이 와서 나의 두 아이를 데려가 그의 종을 삼고자 하나이다 하니"(왕하 4:1). 그녀는 남편이 죽기 전에 기도를 많이 했을 것이다. 그녀는 하나님에게 기도해봤자 소용없다고 말하지 않았다. 그녀에게는 하나님을 향한 원망이나 불평이 없었다. 그녀는 하나님을 경외한 우리 가정이 왜 이렇게 가난하냐고 따지지도 않았다. 그녀는 기도의 응답이 없다고 우상 신상을 찾거나 무당을 찾아가지 않았다. 그녀는 세상의 부자나 세상의 권력자를 찾아가지 않았다. 그녀는 자신의 남편을 잘 아는 하나님의 사람(왕하 4:7) 엘리사를 찾아갔다.

그녀가 엘리사를 찾았지만 이것은 하나님을 찾은 것이다. 그녀는 자신에게는 소망이 없지만 하나님에게는 답이 있음을 믿었다. 자신은 무능하지만 하나님은 전능하심을 알았다. 그녀는 자신에게는 지혜가 없지만 하나님에게는 지혜가 넘침을 알았다.

> 그리스도인은 어떤 상황에서든지 희망을 가져야 한다.
> 희망을 버리는 것은 불신이며 죄악이다.

만약 이 여인이 자신의 인생을 비관하고 엘리사를 찾아가지 않았더라면 하나님께서 이 여인을 위해 준비해놓으신 기적을 놓치고 말았을 것이다. 인생의 비극은 하나님을 보지 않고 인생을 냉소적이고 부정적으로 사는 것이다. 당신이 어떤 어려움을 당해도 하나님께서 피할 길을 준비해놓으셨다. 성경은 우리가 감당하지 못할 시험이란 없다고 말씀한다. "사람이 감당할 시험밖에는 너희가 당한 것이 없나니 오직 하나님은 미쁘사 너희가 감당하지 못할 시험 당함을 허락하지 아니하시고 시험 당할 즈음에 또한 피할 길을 내사 너희로 능히 감당하게 하시느니라"(고전 10:13).

하나님을 찾는 자는 누구든지 소망이 있다. 하나님을 의지하면 살 길이 열린다.

> "네 길을 여호와께 맡기라. 그를 의지하면 그가 이루시고"(시
> 37:5).

"너의 행사를 여호와께 맡기라. 그리하면 네가 경영하는 것이 이루어지리라"(잠 16:3).

하나님을 찾는 사람은 아무리 큰 문제라도 해결된다. 아무리 오래된 질병이라도 치유받는다. 막혔던 길이 열린다. 마른 뼈라도 살아난다. 당신에게 어려운 일이 있는가? 이 사람 저 사람 찾아다니면서 구차해지지 말고 하나님을 찾으라. 사람을 찾아다니면 초라해진다. 하나님 앞에 나가 그분과 독대하라. 혼자 스스로 하나님 앞에 엎드리라. 하나님 앞에 나아가면 우리가 상상할 수도 없는 일이 일어난다. 하나님 앞에 나아가면 수십 년 동안 스트레스 받았던 일이 순식간에 해결된다. 하나님께서 하늘 문을 여시면 순식간에 상황이 달라진다. 순식간에 홍해가 갈라졌다. 순식간에 여리고성이 무너졌다. 순식간에 빌립보 감옥문이 열렸다.

누가 지구를 창조하였는가? 사람을 누가 만들었는가? 하나님에게 찾아가면 없던 소망이 생기고 생각지도 않았던 길이 열린다. 아무리 큰 문제를 만났다고 해도 하나님에게는 우리가 모르는 답이 있다. "나의 영혼아 잠잠히 하나님만 바라라. 무릇 나의 소망이 그로부터 나오는도다"(시 62:5). 하나님을 찾는 자는 가장 큰 대책을 가진 것이다. 하나님을 찾는 사람은 결코 가난한 자가 아니다.

나에게 남아 있는 것을 보라

이 여인은 엘리사를 찾아가서 자신에게 있는 것을 보았다. 인생에 어려운 일이 나타날 때 하나님에게 "Why me?"라고 불평하지 말라. 오히려 하나님 앞에 엎드려 "내가 무엇을 할까요?" 하고 물어보라. 엘리사는 이 여성에게 불평보다 현재 가지고 있는 것을 보라고 가르쳤다. 당신에게 지금 어려움이 있는가? 없는 것을 보고 불평하지 말고 있는 것을 바라보라. "엘리사가 그에게 이르되 내가 너를 위하여 어떻게 하랴. 네 집에 무엇이 있는지 내게 말하라. 그가 이르되 계집종의 집에 기름 한 그릇 외에는 아무것도 없나이다 하니"(왕하 4:2).

지금 당신이 극심한 가난 속에 있는가? 없는 것을 보고 절망하지 말고 남아 있는 것이 무엇인지 보라. 그 남아 있는 것 속에 기적의 씨앗이 있다. 이 여성은 기름 한 병밖에 없다고 말하였지만 엘리사는 그 기름 한 병 안에 엄청난 기름이 있는 것을 보았다. 이것이 믿음의 사람이며 성령의 사람이다.

사탄이 가장 많이 사용하는 강력한 전략은 지금 나에게 없는 것을 보게 하고, 남들에게만 있는 것을 보게 하는 것이다. 나에게 없는 것만 본다면 낙심하게 되고 절망하게 된다. 나에게는 없는데 남에게만 있는 것을 보면 시기, 질투, 분노하게 된다. 지금 당신이 가지고 있는 것으로 세상을 바꾸는 자가 되라. 당신이 가지고 있는 것은 결코 작은

것이 아니다. 당신이 가지고 있는 것에 하나님이 함께하시면 큰 것이
된다. 우리 하나님은 우리의 작은 것으로 큰일을 행하시는 분이다.

한 젊은 여인의 이야기다. 그녀는 고등학교를 졸업하고 얼마 지나
지 않아 결혼했다. 어느 날, 남편이 하던 세탁소가 오랜 불황의 파고
를 이기지 못하고 문을 닫게 되었는데, 문제는 그 세탁소를 인수하기
위해 빌려 쓴 돈 5천 달러를 어떻게 갚느냐 하는 것이었다. 빚을 갚으
려면 당장 돈벌이에 나서야만 했는데 집에서 살림만 하고 아이를 키
우느라 정신없이 살아온 젊은 새댁에게 세상은 결코 만만치 않았다.

고민으로 밤을 지새우던 어느 날, 그녀는 거울 앞에 섰다. 나이 23
세, 학력 고졸, 특별한 기술이나 자격증은 없음. 거울 앞에 선 자신의
모습은 고작 그것뿐이었다. '제대로 할 줄 아는 것이라고는 눈 씻고
찾아봐도 없는데 이런 나를 누가 받아주겠어.'

일자리를 구하기 위해 사방으로 뛰어다니며 문을 두드렸지만 돌아
온 대답은 한결같이 "미안합니다. 일할 자리가 없습니다"였다. 그래도
계속 일자리를 찾던 중 그녀는 어느 커피숍에서 설거지하는 주방보조
자리를 얻게 되었다. 하지만 그나마 하루 만에 해고당하고 말았다.

커피숍에서 잘린 그날, 그녀는 도저히 잠을 이룰 수가 없었다. 침
대에 누워서 말똥말똥한 정신으로 '내게 한 가지 기술이라도 있으면
좋겠는데…' 하면서 한숨을 쉬고 있는데, 갑자기 그 마음에 성경에
나오는 기름 한 병으로 기적을 일으킨 이야기가 떠올랐다. 기름 한

병, 그녀는 계속 자신에게 있는 기름 한 병이 무엇인지 생각하였다.

절박한 그녀에게 한 줄기 빛이 들어왔다.

"하나님, 이제 나에게 남은 기름 한 병이 무엇입니까?"

순간 고등학교 다닐 때 국어 선생님의 얼굴이 떠올랐다. 선생님은 그녀의 작문 실력이 매우 뛰어나다고 칭찬하시며 학교신문 편집 일을 맡겨주었다. 그녀는 벌떡 일어나 침대 밖으로 나왔다.

이미 밤이 깊었지만 옷을 걸치고 부엌으로 걸어가 커피포트의 스위치를 올렸다. 그리고 난로 옆에 놓인 휴지통에서 〈볼드윈 파크〉라는 주간지와 신문을 꺼내 식탁 위에 펼쳤다. 앉은 자리에서 신문에 실린 광고란 광고는 다 읽었다.

"그래! 글 쓰는 일이 바로 나의 마지막 남은 기름 한 병이야. 혹시 글 쓰는 일에 관련된 사람을 뽑는 광고가 있을지 몰라!"

하지만 그녀가 원하는 글 쓰는 사람을 찾는 광고는 좀처럼 눈에 띄지 않았다. 다만 광고 문안들을 유심히 보니 문장이 촌스럽고 형편없는 글이 꽤 눈에 거슬렸다.

"쯧쯧, 나라면 이렇게 광고하지 않을 텐데…."

그녀는 순간 영감이 떠올랐다. 곧장 신문에 나온 부실한 광고를 다시 고쳐 쓰기 시작하였다. 몇 차례 수정을 거쳐 나름대로 좋은 광고 문안 샘플을 완성하였다. 때는 이미 새벽을 지나 아침 해가 솟아오르고 있었다. 잠을 하나도 못 잤는데 이상하리만큼 기분이 상쾌하고 몸도 날아갈 듯했다. 처음 맛보는 희열이었다. 창틈으로 눈부신 아침햇

살이 밀려왔다. 기분 좋게 죽 기지개를 켜는 순간 어떤 생각이 들어왔다. 그녀는 서둘러 옷장 문을 열었다. 그리고 최대한 맵시 나는 옷을 차려입고 곧장 읍내에 있는 신문사로 향했다.

4km나 되는 길을 걸으며 자신의 미래를 상상하고 또 상상했다. 가슴이 벅차올랐다. 신문사에 도착하니 깡마른 체구의 사나이가 근심에 찌든 얼굴로 사무실 안쪽에서 걸어 나왔다. 순간 그녀는 그를 향해 소리쳤다.

"선생님, 혹시 신문사 사장님이 아니세요? 사장님이라면 광고 지면을 좀 사러 왔는데요."

그러자 사나이의 태도가 진지해졌다. 그때를 놓치지 않고 그녀는 자신의 계획을 설명하기 시작했다. 그녀가 신문의 광고란을 도매가격으로 사들인 후 자신은 광고주를 찾아가서 광고문안을 대신 써주고 조금의 이익을 붙여 광고를 실어주는 것이었다. 그 대신 신문사에는 일주일 후에 대금을 지불한다는 조건도 달았다. 신문사는 광고주를 찾지 않아도 되는 좋은 일이었다.

그날부터 그녀는 정신없이 뛰어다니기 시작했다. 구두 밑창이 다 닳아도 구둣방에 갈 수 없을 정도로 바빴다. 여기저기 단골이 생기기 시작하였다. 그녀는 광고란에다 자신의 글쓰기 능력을 쏟아부었다. 순식간에 빚 5천 불을 갚았을 뿐만 아니라 직원이 285명이나 되는 유명한 광고 대행업자가 되었고, 지금은 최고의 작가며 강사가 되었다. 그녀가 바로 도티 월터스다. 그녀의 글 중에 유명한 말은 "실패, 난 그

런 것을 만난 적이 없다. 난 다만 잠깐 멈추었던 것뿐이다"라는 말이
다. 그녀에 관한 글은 「영혼을 위한 닭고기 수프」(잭 캔필드 외, 푸른숲, 2016년)에도 나온다.

당신이 지금 아무리 어려운 상황에 처해 있다 해도 절망하지 말
라. 당신의 진짜 아버지이신 하나님께서 살아 계신다. 당신이 아무리
어려워도 당신에겐 남아 있는 것이 있다. 모세에겐 지팡이가 있었다.
다윗에게는 물맷돌이 있었다. 벳세다 언덕 가난한 소년에겐 빵 5개와
물고기 2마리가 있었다. 사도 바울에게는 감옥 안에서 부를 찬송이
있었다.

하나님은 당신에게 그 남아 있는 것을 통해 기적을 일으키신다.
하나님은 작은 것을 가지고도 놀라운 일을 행하시는 분이다. 하나님
께서 살아 계시므로 오늘날에도 오병이어의 역사는 계속된다. 우리
주변에는 작은 것을 가지고도 큰 것을 이루는 사람이 얼마든지 있다.
당신이 그런 기적의 주인공이 되라. 당신이 원하는 것을 막연히 기다
리지 말고, 지금 있는 것으로 시작하라.

순종하는 사람에게 기회가 찾아온다

"이르되 너는 밖에 나가서 모든 이웃에게 그릇을 빌

리라. 빈 그릇을 빌리되 조금 빌리지 말고 너는 네 두 아들과 함께 들어가서 문을 닫고 그 모든 그릇에 기름을 부어서 차는 대로 옮겨 놓으라 하니라"(왕하 4:3-4). 그녀는 하나님의 사람 엘리사에게 찾아가서 자신에게는 기름 한 병밖에 없다고 정직하게 내놓았다. 약함을 정직하게 내어놓을 때 치유가 일어난다. 나아만 장군이 갑옷을 벗고 더러운 문둥병을 다 드러내놓고 요단강에 들어갔을 때 기적이 일어났다. 사마리아 여인이 예수님에게 남편이 다섯이었다고 드러내었을 때 용서함을 받았다. 거짓말하는 곳에 사탄이 역사하고 정직한 곳에 성령님이 역사한다.

그녀는 기름 한 병밖에 없다고 절망하지 않았고, 이까짓 것 가지고 뭐하겠느냐고 빈정거리지도 않았으며, 엘리사의 말에 즉각 순종하였다. 그녀는 온 동네에 가서 빈 그릇을 빌렸다. 그녀는 평소에 동네 사람들과 관계가 좋았다. 당신도 평소에 당신 주위에 있는 사람들과 관계를 좋게 하라. 그것이 당신의 인생을 부유하게 해줄 것이다. 그녀는 상식에 맞지 않는 엘리사의 말이지만 그 말에 그대로 순종하였다. 그녀는 속으로 '이것 괜한 수고를 하는 것 아닌가?' 하고 의심하지 않았다.

순종은 내 생각을 버리고 권위자의 말에 따르는 것이다. 순종은 내가 이해되지 않아도 그냥 행동하는 것이다. 순종은 할수록 쉬워진다. 순종이 순종을 낳는다. 반대로 불순종이 불순종을 낳는다. 그녀는 순종의 힘을 알고 있었다. 성경에 나오는 모든 기적에는 언제나 먼저 순종이 있었다.

순종이 능력이다. 순종에 기적이 있다.
기회라는 거대한 문이 순종이라는 작디작은 경첩에
매달려 활짝 열린다. 순종하는 자에겐 큰 기회가 열린다.

성경의 모든 기적은 지식으로 되는 것이 아니라 순종으로 된다. 안다고 축복받는 것이 아니다. "네가 네 하나님 여호와의 말씀을 청종하면 이 모든 복이 네게 임하며 네게 이르리니"(신 28:2). 순종이 어려운 것은 내 생각을 버려야 하기 때문이다. 당신의 생각에 갇혀 작은 인생을 살지 말라. 내 생각을 버리고 하나님 말씀에 순종하면 하나님의 능력에 접속된다.

하나님의 말씀에 기록한 대로 다 순종하라. 하나님의 것을 하나님께 드리라. 즐겨 드리라. "너희가 즐겨 순종하면 땅의 아름다운 소산을 먹을 것이요"(사 1:19). 남을 윤택하게 하라. 그러면 당신도 윤택하게 될 것이다. "구제를 좋아하는 자는 풍족하여질 것이요 남을 윤택하게 하는 자는 자기도 윤택하여지리라"(잠 11:25). 주는 자로 살라. 흔들어 넘치도록 부어주실 것이다. "주라. 그리하면 너희에게 줄 것이니 곧 후히 되어 누르고 흔들어 넘치도록 하여 너희에게 안겨주리라"(눅 6:38). 말씀에 순종할 때 생각지도 않은 일이 일어난다. 왜냐하면 순종이 바로 믿음이기 때문이다.

어린 시절, 우리 동네에 있는 방앗간에 자주 갔었다. 그 방앗간에는 언제나 큰 톱니바퀴가 돌아가고 있었다. 그 톱니바퀴 옆에 아주 작은 톱니바퀴 수십 개가 붙어서 돌아간다. 큰 톱니바퀴가 아무리 돌아가도 작은 톱니바퀴가 연결되어 있지 않으면 어떤 에너지도 받지 못한다. 하나님은 지금도 역사하신다. 내가 순종으로 하나님과 연결되지 않으면 하나님의 능력이 내게 오지 않는다. 하나님이 문제가 아니라 순종의 줄이 연결되지 않은 내가 문제다.

엘리사는 빈 그릇을 빌리되 조금 빌리지 말고 모든 이웃에게서 그릇을 빌리라 하였다. 이 여인은 엘리사의 말씀에 순종하여 동네로 나가서 빈 그릇을 다 빌렸다. 이것은 넘치는 순종을 말한다. 그리고 문을 닫고 기름을 부으라는 말씀대로 문을 닫고 빈 그릇에 기름을 부었다. 그릇에 기름을 부으니 빈 그릇마다 계속 기름이 부어졌다. 하나님의 기적은 골방에서 조용히 이루어진다. 세상 소리를 닫고 하나님에게 집중할 때 기적이 일어난다. 우리가 하나님의 말씀에 전적으로 순종할 때 우리가 상상도 하지 못하는 축복이 부어진다.

하나님은 빈 그릇의 숫자만큼 기름을 부어주셨다. 빌려온 빈 그릇의 숫자가 바로 순종의 숫자이다. 빈 그릇을 빌려 오는 열정이 바로 우리의 믿음이다. 본문에 나오는 여인은 그릇을 조금 빌리지 말라는 그 말대로 엄청난 양의 그릇을 빌렸다. 그 순종의 결과로 극심하게 가난한 자에서 부유한 자로 변했다. 이 여인은 자신의 힘으로 해결할 수 없는 빚을 하나님께서 베푸시는 기적으로 넉넉히 해결하였다. "그 여인이 하나님의 사람에게 나아가서 말하니 그가 이르되 너는 가서 기름을 팔아 빚을 갚고 남은 것으로 너와 네 두 아들이 생활하라 하였더라"(왕하 4:7).

하나님은 우리가 부유한 자로 살길 원하신다. 하나님은 우리가 넉넉한 자로 살길 원하신다. 우리는 하나님의 자녀이다. 왕 중의 왕이신 하나님의 자녀가 가난에 찌들어 극빈자로 살아간다면 하나님 아버지의 마음이 아플 것이다. 친정아버지는 딸이 가난하게 살면 마음이 아프다. 하나님은 더더욱 우리가 부유하길 원하신다. 당신에게 가난이 있다면 가난의 모든 것이 떠나가길 바란다. 빚이 있는가? 그 빚에 점 하나만 찍히면 빛이 된다. 별것 아니다. 오늘 작은 순종이 당신의 빚을 빛으로 변화시킬 것이다. 하나님의 은혜 한 조각만 있다면 큰 빚은 순식간에 큰 빛으로 변화될 것이다.

엘리사 생도의 가정에 일어난 기적은 오늘도 일어나고 있다. 천국 황제의 로열패밀리인 우리는 부유하게 살아야 한다. "우리 주 예수 그리스도의 은혜를 너희가 알거니와 부요하신 이로서 너희를 위하여 가난하게 되심은 그의 가난함으로 말미암아 너희를 부요하게 하려 하심이라"(고후 8:9). 당신이 가난하게 사는 것은 하나님의 뜻이 아니다. 나는 이런 말을 좋아한다. "가난하게 태어난 것은 부모의 잘못이지만 가난하게 사는 것은 나의 잘못이다." 빌 게이츠가 한 말이다.

혹시 당신이 가난한 자인가? 나에게 순종이 부족하지 않은지 살펴보라. 하나님은 어떤 특별한 사람에게만 역사하시는 분이 아니다. 말씀에 순종하는 모든 사람에게 은혜를 베풀어주길 원하신다. 당신이 어떤 자리에 있든지 절망하지 말라. 사탄은 우리를 절망시키고 파괴한다. 사탄은 파괴자이다. 사탄은 우리의 어려운 상황을 부추겨서 두려움을 주고 희망을 파괴하고 빼앗아간다. 그러나 예수님은 우리를 살리시는 분이고 생명을 주시는 분이다. 예수님은 우리의 삶을 풍성하게 하러 오셨고, 희망을 주기 위해 오셨다.

> "도둑이 오는 것은 도둑질하고 죽이고 멸망시키려는 것뿐이요 내가 온 것은 양으로 생명을 얻게 하고 더 풍성히 얻게 하려는 것이라"(요 10:10).

인간에게 가장 절망스러운 것은 죽음이다. 예수님은 그 죽음도 물리치셨다. 예수님께서 십자가에서 못 박히는 그 순간, 우리의 모든 절망도 죽었다. 예수님께서 부활하신 순간에 우리의 희망도 살아났다. 예수님을 믿는 우리에게는 언제나 희망이 있다. 예수님을 믿는 우리에게는 지금 있는 고난이 끝이 아니다. 경제적으로 파산해서 기쁨이 사라지고, 가족들이 흩어지는 암담한 현실이 닥쳐도 "나에겐 희망이 있다!"라고 선포하고 믿음을 가지라. 하나님은 당신의 그 믿음을 보시고 문제를 해결해주실 것이다. "하나님은 나를 사랑하셔. 예수님은 내 가난과 절망을 가져가셨어. 나에겐 부유함의 씨앗이 있어. 나는 풍성한 삶을 위해 태어났어"라고 말하라.

"하나님의 아들 예수 그리스도는 예 하고 아니라 함이 되지 아니하셨으니 그에게는 예만 되었느니라. 하나님의 약속은 얼마든지 그리스도 안에서 예가 되니 그런즉 그로 말미암아 우리가 아멘 하여 하나님께 영광을 돌리게 되느니라"(고후 1:19-20). 하나님 안에서 모든 일에 예스가 되길 바란다. 모든 부정, 모든 낙심이 떠나길 바란다. 「적극적 사고방식」(지성문화사, 2015년)으로 잘 알려진 노만 빈센트 필 박사는 '축복의 땅을 얻는 비결'을 여섯 가지로 말하고 있다.

첫째, 실패할 것을 생각하면 실패자가 된다.
둘째, 자신의 미래를 과소평가하지 말라.
셋째, 크게 믿으라.
넷째, 크게 기도하라.
다섯째, 크게 행동하라.
여섯째, 하나님의 도우심을 크게 얻으라.
이것이 당신이 하나님 안에서 복을 받는 비결이다.

빈 그릇에 성령의 기름을 부으라

구약성경의 기름은 종종 성령을 상징한다. 하나님은 과부의 집에 있는 한 병의 기름으로 모든 빈 그릇에 흘러넘치게 하셨다. 빈 그릇과 성령의 기름 부으심은 참 깊은 상관이 있다. 성령의 기름은 빈 그릇에만 부어진다. 성령 하나님에 대한 목마름이 있는 자, 성령 하나님에 대한 갈급함이 있는 자에게만 성령이 부어진다. 하나님은 빈 마음을 채우시는 분이다.

다윗은 어떻게 하나님의 마음에 합한 자가 되었는가? 그는 파수꾼이 아침을 기다림보다 더 간절하게 하나님을 갈망했다.

"파수꾼이 아침을 기다림보다 내 영혼이 주를 더 기다리나니 참으로 파수꾼이 아침을 기다림보다 더하도다"(시 130:6).

"주의 궁정에서의 한 날이 다른 곳에서의 천 날보다 나은즉 악인의 장막에 사는 것보다 내 하나님의 성전 문지기로 있는 것이 좋사오니"(시 84:10).

다윗은 세상 그 어떤 것보다 하나님에 대해 갈급했다.

모세와 아론의 차이점이 무엇인가? 모세는 하나님에 대한 갈급함 때문에 하나님을 만나기 위해 시내산에 올라가서 40일 동안 식음을 전폐하고 하나님을 찾았다. 반면 아론은 시내산 아래서 금송아지를 만들고 만족해했다. 성경은 하나님에 대해 갈급해하는 모세를 하나님의 벗이라고 말하였다.

하나님은 오늘도 하나님에 대해 갈급한 사람, 하나님에 대해 목말라하는 사람을 찾고 계신다. 나는 성경에 엘리사를 소개할 때 꼭 하나님의 사람이라고 말하는 것이 무척 부럽다. "그 여인이 하나님의 사람에게 나아가서 말하니"(왕하 4:7). 엘리사는 보통 사람과는 말이 달랐고 생각이 달랐으며 관심도 달랐다. 그가 하나님의 사람이기에 그렇다. 그는 아무리 큰 문제를 만나도 조금도 걱정하지 않았다.

오늘날 교회에 다니는 사람은 많다. 하나님에 대해 말씀을 듣는 사람도 많다. 하나님에 대해 아는 사람도 많다. 하나님이 지나가신 발자국을 찾아다니며 연구하는 사람도 많다. 그러나 매 순간 하나님을 만나는 사람은 적다. 우리는 "하나님, 하나님을 만나지 않고는 더 이상 살 수 없습니다" 하며 하나님에 대해 갈급해하는 자가 되어야 한다.

당신의 전 인생에 성령의 기름으로 흠뻑 적셔지는 날이 있었는가? 당신의 전 인생에 성령 하나님으로 샤워하는 성령의 단비가 있었는가? 오늘이 당신에게 성령의 기름 부으심이 흘러넘치는 날이 되어야 한다.

"내 이름으로 일컫는 내 백성이 그들의 악한 길에서 떠나 스스로 낮추고 기도하여 내 얼굴을 찾으면 내가 하늘에서 듣고 그들의 죄를 사하고 그들의 땅을 고칠지라"(대하 7:14).

우리가 스스로 겸비한다는 것은 빈 마음으로 그분 앞에 엎드리는 것이다. 당신이 정말 회복되길 원한다면 모든 것을 내려놓고 오늘 하나님의 얼굴을 구하라. 빈 그릇을 준비하라. 당신의 가족과 함께 빈 그릇을 준비하라. 얼마나 채워지느냐는 얼마나 비워지느냐와 비례한다. 많이 비우면 많이 채워지고, 적게 비우면 적게 채워진다.

무디 목사는 이런 말을 하였다. "나는 우리 마음에서 하나님의 법에 반대하는 교만과 이기심 이기적인 야망 같은 것이 모조리 비워지는 순간, 성령이 들어와 우리 마음 구석구석을 가득 채우신다고 굳게 믿는다." 당신이 교회를 아무리 오래 다녀도 당신 마음이 계속해서 교만과 자만, 이기심과 세상 욕심으로 가득 차 있으면 하나님의 영이신 성령께서 들어오실 여지가 없다.

다른 것으로 가득 차 있으면서 하나님께 자신을 채워달라고 기도하는 사람이 많다. 그런 기도를 드리기 전에 먼저 자신을 비워달라고 기도해야 한다. 먼저 비움이 있어야 채움이 가능하다. 마음을 거꾸로 뒤집어서 하나님의 법에 반대되는 모든 것을 쏟아부으면 그때 비로소 성령님이 들어오실 것이다.

우리에게는 채우는 것이 문제가 아니라 비우는 것이 문제이다. 세상의 온갖 잡동사니가 너무 가득 차 있다. 비워야 한다. 비운 만큼 채워지는 것은 자연의 법칙이다. 하나님은 빈 곳을 채우시는 분이다. 무엇보다도 우리 마음에 성령을 채워야 한다. 다른 것은 채워도 또 공허해진다. 진짜 채움은 성령 하나님뿐이다.

"오직 성령으로 충만함을 받으라"(엡 5:18) '오직'은 오직 하나 성령만을 강조하는 것이다. 우리가 회복되기 위해 채워야 하는 것은 다른 것이 아니라 성령 하나님이시다. 당신은 지금 성령 충만을 사모하고 있는가? 오늘 가족 모두가 세상의 문을 닫고, 오직 이 성령 충만을 사모하라. 하나님은 반드시 목마른 자에게 성령의 기름을 부어주실 것이다.

성경에 나오는 기적을 이야기로만 듣는 것으로 끝내지 말고 오늘 살아 계신 하나님을 만나라. 매일 하나님의 축복을 경험하자는 자로 살라. 성령 하나님은 우리가 겪는 어려움을 해결할 대안을 가지고 계신다. 성령 하나님께서 준비해놓으신 기적을 놓치지 말라. 성령 하나님은 여전히 우리 가운데 일하고 계신다. 인생의 비극은 하나님을 찾지 않아 하나님께서 준비해두신 기적을 놓치는 것이다. "나를 간절히 찾는 자가 나를 만날 것이라"고 말씀하셨다.

이용례 권사의 간증을 소개하고자 한다. 그녀는 어릴 때 할머니, 아버지, 어머니, 그리고 언니 이렇게 다섯 식구가 함께 살았다. 그런데 부모님 두 분 모두 폐병에 걸리셨다. 초등학교 5학년 때 어머니가 폐병으로 각혈을 하면서 죽자, 동네에 있는 교회에 가서 아버지를 살려달라고 간절히 기도하였는데, 중학교 2학년 때 아버지도 폐병으로 죽고 말았다. 밤마다 피를 토하면서 죽는 부모의 모습이 나타나 단 하루도 편히 잠잘 수가 없었다. 언니는 시집을 가고 할머니와 단둘이 살았다. 그런데 그 할머니마저 치매에 걸려 같이 살 수 없게 되었다.

하나님이 원망스러웠다. 무덤 같은 삶이었다. 하루하루 사는 것이 무서웠고 차라리 죽는 편이 쉬워 보였다. 자살 바위에도 올라가고, 한 강에 떨어져 죽으려고도 하였다. 그러나 자살하면 지옥에 간다는 말이 떠올라 산에서 내려와 교회에 와서 울며 기도하였다.

"하나님, 저는 이제 더 이상 살 수가 없어요. 하나님, 제가 자살하려고 하는데 지옥에는 보내지 말아주세요!"

그렇게 기도하는데 갑자기 "사랑하는 딸아, 내가 너를 사랑한다. 너는 내 자녀란다. 내가 너를 책임질 것이다"라는 음성이 들렸다. 와락 눈물이 쏟아졌다. 기쁨이 솟아났다. 상황은 아무것도 변한 것이 없었다. 그런데 죽어가던 자가 살아났다. 성령이 부어진 것이다.

그 후 생각지도 않게 미국에 갈 수 있는 길이 열렸고, 그곳에서 남편을 만나 결혼하였다. 그 후 그녀는 남편과 함께 탄자니아선교회를 만들어 후원하면서, 지금은 미국과 한국 곳곳을 다니며 "예수가 나를 살리셨네"라고 찬양하고 있다.

하나님은 당신이 어떤 어려움을 당했다고 하더라도 당신이 다시 일어나길 원하신다. 지금 당신이 큰 절망 속에 빠져 있는가? 하나님은 말씀하신다.

"괜찮아, 다시 일어나면 돼!"

"대저 의인은 일곱 번 넘어질지라도 다시 일어나려니와 악인은 재앙으로 말미암아 엎드러지느니라"(잠 24:16).

〈 이 책을 교회에서 효과적으로 사용하는 방법 〉

1. 전교인 회복 축제

   새벽기도회 또는 주일 예배 시 10주를 회복 주간으로 선정하여 이 책의 내용과 관련된 말씀을 집중적으로 설파하며, 전교인 다시 일어나는 회복 축제의 기간을 갖는다. 단, 교회 상황에 따라 8주(2개월)로 기간을 단축할 수도 있다.

2. 소그룹 또는 구역에서 회복 축제

   개 교회 소그룹 또는 구역(마을)에서 이 책을 한 주에 한 챕터씩 읽고, 묵상한 내용을 나누면서 회복 축제의 기간을 갖는다. 총 10챕터지만 상황에 따라 필요한 챕터만 사용해서 4주, 6주, 또는 8주간 훈련할 수 있다. 주의할 점은 구성원들이 그 주에 필요한 책 내용을 꼭 읽고 와야 한다는 점이다.

3. 전도용으로 활용

   이 책을 전도대상자에게 선물한 후, 대상자가 이 책을 다 읽었다는 신호가 있을 시 이 책에 대한 이야기를 나누면서 자연스럽게 복음을 전한다. 단, 전도대상자가 이 책을 읽었는지 수시로 확인은 하되 강요해서는 안 된다.

■ 나의 신앙 고백 1

이 책을 읽고 당신이 가장 도전받은 것은 무엇입니까?
그 도전받은 것을 나의 신앙생활에 어떻게 적용할 수 있을까요?

■ 나의 신앙 고백 2

이 책을 읽고 당신이 가장 도전받은 것은 무엇입니까?
그 도전받은 것을 나의 신앙생활에 어떻게 적용할 수 있을까요?

■ 나의 신앙 고백 3

이 책을 읽고 당신이 가장 도전받은 것은 무엇입니까?
그 도전받은 것을 나의 신앙생활에 어떻게 적용할 수 있을까요?